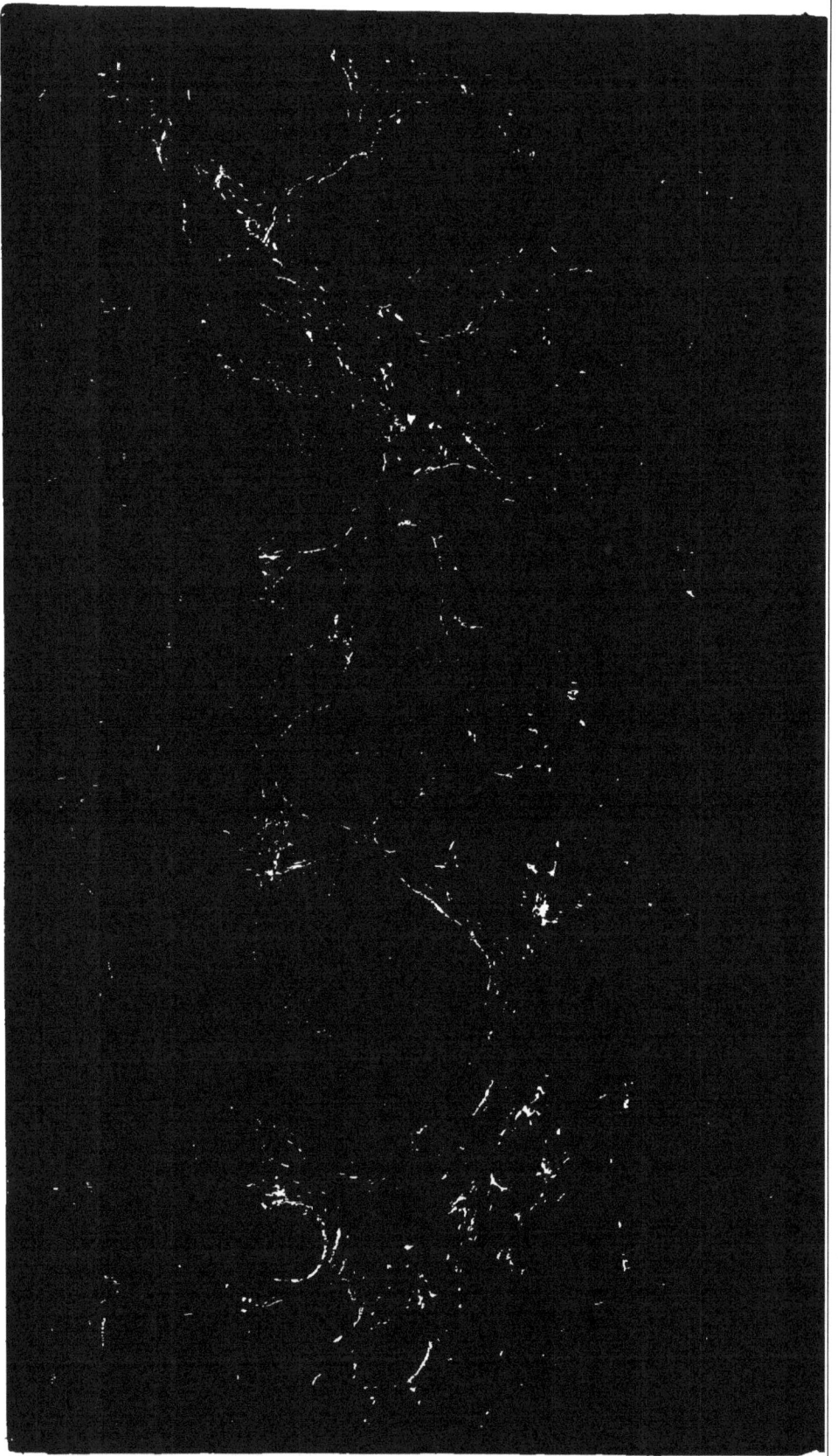

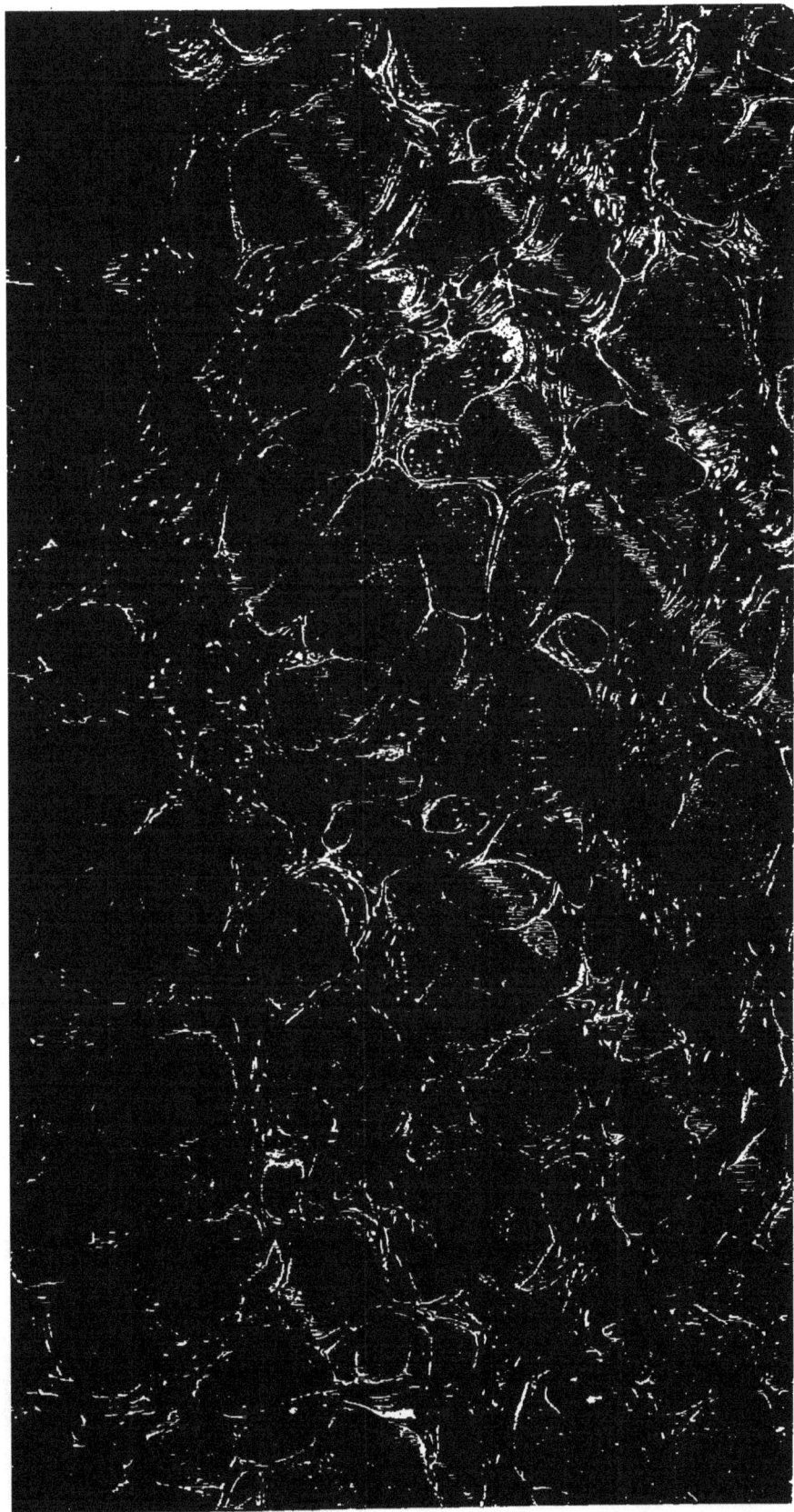

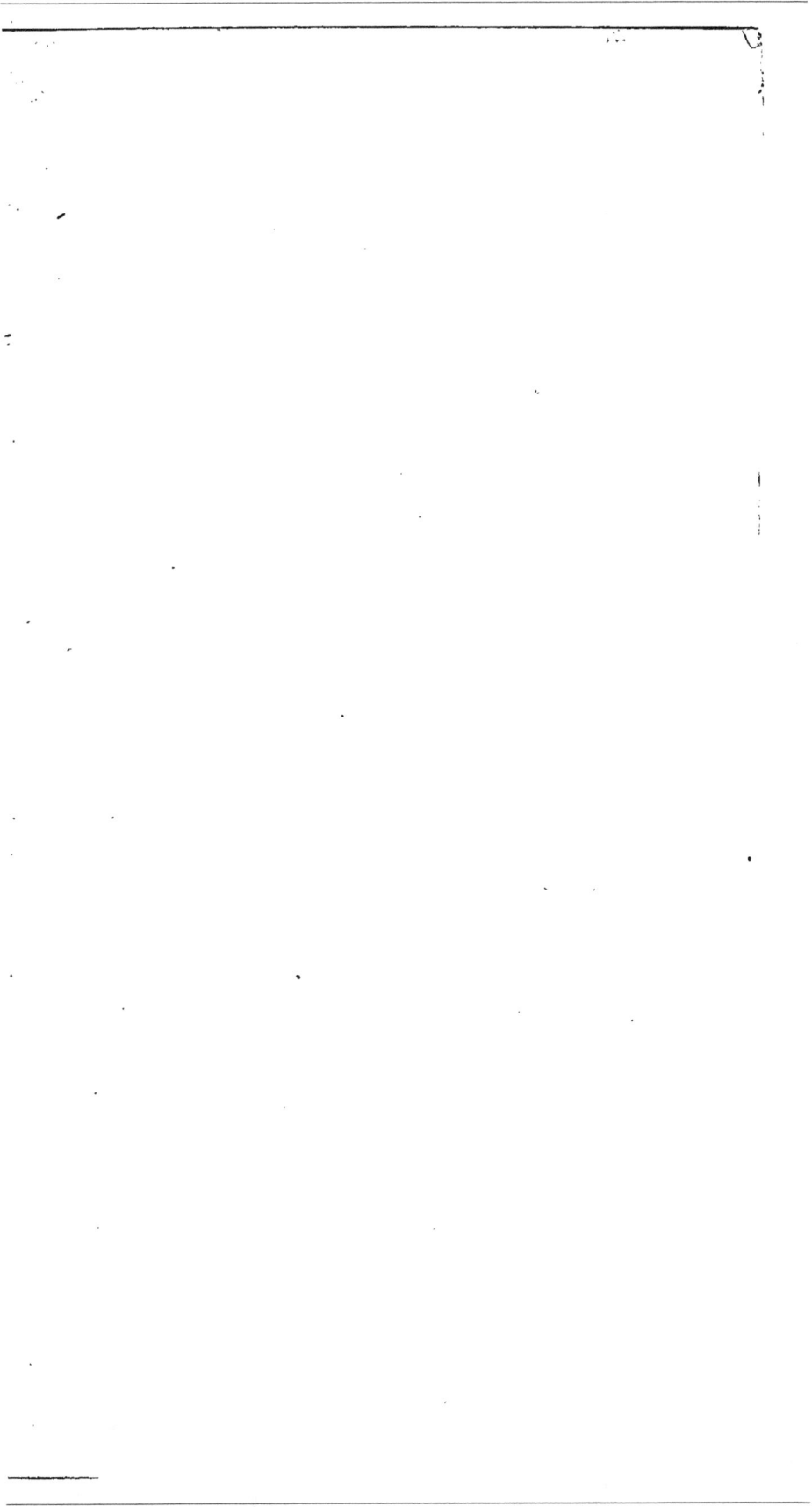

X

24020

DISCOURS

DE DÉMOSTHÈNE

CONTRE

LA LOI DE LEPTINE

DE L'IMPRIMERIE DE CRAPELET

RUE DE VAUGIRARD, N° 9

DISCOURS
DE DÉMOSTHÈNE

CONTRE

LA LOI DE LEPTINE

TRADUIT EN FRANÇAIS

AVEC

LE TEXTE GREC EN REGARD ET DES NOTES

PAR M. STIÉVENART

DOYEN DE LA FACULTÉ DES LETTRES DE DIJON

PARIS

LIBRAIRIE DE L. HACHETTE ET Cie
RUE PIERRE-SARRAZIN, N° 42

1846

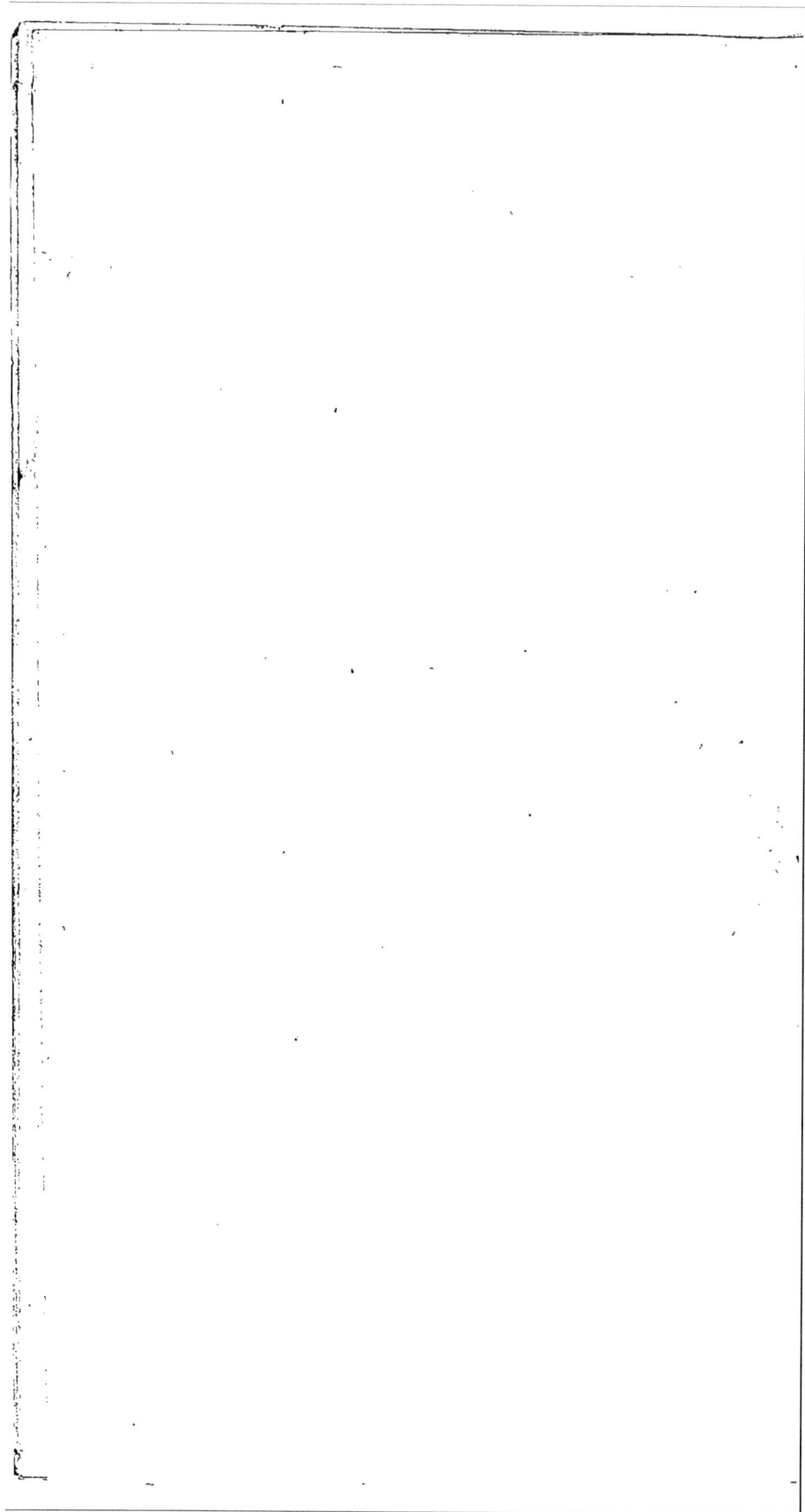

ARGUMENT ANALYTIQUE.

Depuis longtemps les immunités ou dispenses des charges publiques, peu connues des autres États de la Grèce, s'étaient multipliées au sein de la démocratie athénienne. Par l'hérédité, elles passaient souvent à des particuliers opulents qui ne les méritaient pas; et les charges retombaient de tout leur poids sur les fortunes médiocres. Frappé de cette anomalie, Leptine, citoyen puissant et estimé, proposa, sous l'archontat d'Elpinès (ol. cvi, 1; 356 ans avant J. C.), une loi conçue à peu près en ces termes :

« Attendu que les plus riches doivent s'acquitter des charges, nul, ni « citoyen ni étranger, de quelque classe qu'il soit, n'en est dispensé, « à l'exception de la postérité d'Harmodius et d'Aristogiton ; et, à « l'avenir, le peuple athénien, même sollicité, ne pourra plus accor- « der d'exemptions. Les biens du solliciteur seront confisqués; il sera « dégradé civilement, traîné devant les tribunaux ; et, s'il est con- « vaincu, on lui appliquera la loi portée contre les magistrats débi- « teurs du Trésor. » C'est-à-dire la peine de mort.

La loi passa : mais, dans le cours de l'année, son auteur pouvait être poursuivi ; il le fut par un nommé Bathippe, qui s'adjoignit deux autres citoyens. Bathippe mourut avant que la cause eût été plaidée ; ses co-accusateurs se désistèrent. L'année s'écoula : on ne pouvait plus infliger de peine à Leptine ; mais on pouvait encore attaquer sa loi, et en obtenir la révocation. Aphepsion, fils de Bathippe, et Ctésippe, citoyen d'ailleurs méprisable, à qui la gloire de son père, le général Chabrias, donnait seule des droits à l'exemption, entreprirent de le faire. Le premier prit pour avocat Phormion, orateur distingué, aujourd'hui inconnu ; le dernier recourut à Démosthène, âgé alors de trente ans. Phormion, plaidant pour l'accusateur le moins jeune, parla avant notre orateur devant le tribunal des Nomothètes. On appelait ainsi mille et un commissaires ayant tous siégé parmi les Héliastes, et investis, comme représentants d'un peuple souverain, du pouvoir de casser la loi, sans appel, par le seul fait de leur sentence.

Les divers motifs de révocation de la loi sont exposés par Démosthène dans un ordre qui parfois nous échappe, et qui semble loin

de la rigoureuse méthode de l'éloquence moderne. Cependant, répandus dans tout le discours, comme le remarque Auger, ils y sont développés d'une manière intéressante. Les principaux reparaissent plusieurs fois sous différentes formes. On voit parmi eux plusieurs moyens tirés du droit public d'Athènes, et groupés avec un art qui se cache sous l'apparence de la simplicité. Voici le plus important :

« La loi de Leptine a été portée d'une manière illégale. D'après la « législation athénienne, les récompenses nationales sont irrévoca- « bles, et il est défendu de porter une loi nouvelle avant d'avoir fait « abroger celle qui est en vigueur et qu'elle contredit. Manquer à « cette formalité, c'est s'exposer à être poursuivi en vertu de l'action « παρανόμων γραφή. Or, supprimer les exemptions, c'est évidemment « contredire la loi qui assure la permanence aux faveurs du peuple. « Leptine devait donc préalablement faire abolir cette loi. »

Enfin, au lieu d'ôter les immunités à ceux qui en sont dignes, l'orateur propose de substituer à la loi de Leptine une loi qui permettra de citer en justice tous ceux qui les ont obtenues sans les mériter. Il s'engage à proposer dans les formes, avec Aphepsion, cette loi, dont il fait lire le texte ; et, dans un mouvement animé, il demande qu'on prenne acte de cet engagement solennel. La grave pénalité attachée à la violation d'une telle promesse ne permet guère de douter qu'il n'ait tenu parole.

Qu'avait donc dit Phormion dans la même cause, puisqu'il restait tant à dire à Démosthène ? Nous ne connaissons le discours du premier que par l'analyse extrêmement courte qu'en a faite Hermogène, Περὶ μεθ. δειν., c. XXIV. Selon ce rhéteur, Démosthène renversa le plan adopté par son devancier (ἀνέστρεψε τὴν τάξιν μεταβαλών), et il le fit avec beaucoup d'adresse. Un ton modéré règne dans cette harangue, à la fois judiciaire et politique ; et cette modération, chez un orateur jeune et impétueux, s'explique surtout par les égards que méritait la personne de son adversaire. Démosthène, de l'aveu de l'antiquité, se rapproche ici de Lysias ; et son discours est un modèle continu de cet atticisme que Cicéron a tâché de reproduire sous les traits moins délicats de l'urbanité romaine. Les nobles idées du beau moral et de la dignité nationale nous présentent l'élève de Platon luttant devant les tribunaux contre la dégradation de son siècle. « Rien n'est plus éloquent, dit M. Villemain [1], que la supposition par laquelle

___
[1] *Biographie universelle*, art. *Démosthène*.

il montre combien il serait bizarre que le patriotisme d'Harmodius, s'il se retrouvait dans un autre citoyen, ne pût obtenir les mêmes honneurs.... On voit déjà dans Démosthène l'orateur noblement populaire et l'homme de génie. »

Dion Chrysostome, dans son trente et unième discours (t. I, p. 635, édit. de Reiske), nous apprend que la loi de Leptine fut abrogée.

Il paraît que le sujet de ce discours fut souvent remanié dans les écoles des rhéteurs. Lollianus d'Éphèse, sophiste célèbre du temps d'Adrien, et Aristide, qui vivait au ııᵉ siècle de notre ère, en ont fait le thème de leurs déclamations favorites.

Il a paru dernièrement deux nouvelles éditions critiques du texte complet de Démosthène : celle de Baiter et Sauppe (*Oratores Attici*, Zurich, 1843), et celle de Voemel (*Scriptorum Græcorum Bibliotheca*, éd. Didot, même année). Nous les avons attentivement consultées en collationnant le texte de F. A. Wolf, édition de Bremi, pour ce discours, dont la traduction a été aussi retouchée avec le plus grand soin.

ΔΗΜΟΣΘΕΝΟΥΣ

Ο ΠΡΟΣ ΛΕΠΤΙΝΗΝ

ΛΟΓΟΣ[1].

Ἄνδρες δικασταί, μάλιστα μὲν εἵνεκα τοῦ νομίζειν συμφέρειν τῇ πόλει λελῦσθαι τὸν νόμον[2]· εἶτα καὶ τοῦ παιδὸς εἵνεκα τοῦ Χαβρίου, ὡμολόγησα τούτοις, ὡς ἂν οἷός τε ὦ, συνερεῖν.

Ἔστι δ᾽ οὐκ ἄδηλον, ὦ ἄνδρες Ἀθηναῖοι, τοῦθ᾽, ὅτι Λεπτίνης, κἄν τις ἄλλος ὑπὲρ τοῦ νόμου λέγῃ, δίκαιον μὲν οὐδὲν ἐρεῖ περὶ αὐτοῦ, φήσει δ᾽ ἀναξίους τινὰς ἀνθρώπους, εὑρομένους ἀτέλειαν, ἐκδεδυκέναι τὰς λειτουργίας, καὶ τούτῳ πλείστῳ χρήσεται τῷ λόγῳ[3]. Ἐγὼ δέ, ὅτι μέν τινων κατηγοροῦντα, πάντας ἀφαιρεῖσθαι τὴν δωρεάν, τῶν ἀδίκων ἐστίν, ἐάσω· καὶ γὰρ εἴρηται τρόπον τινά[4], καὶ ὑφ᾽ ὑμῶν ἴσως γιγνώσκεται· ἀλλ᾽ ἐκεῖνο ἂν ἐροίμην ἡδέως αὐτόν, τίνος εἵνεκα, εἰ τὰ μάλιστα μή τινες, ἀλλὰ πάντες ἦσαν ἀνάξιοι, τῶν αὐτῶν ἠξίωσεν ὑμᾶς τε καὶ τούτους. Ἐν μὲν γὰρ τῷ γράψαι, μηδένα εἶναι ἀτελῆ, τοὺς ἔχοντας ἀφείλετο τὴν ἀτέλειαν· ἐν δὲ τῷ προσγράψαι, μηδὲ τὸ λοιπὸν ἐξεῖναι δοῦναι, ὑμᾶς τὸ δοῦναι. Οὐ γὰρ ἐκεῖνό γ᾽ ἔνεστιν εἰπεῖν, ὡς τὸν αὐτὸν τρόπον, ὅνπερ τοὺς ἔχοντας ἀφείλετο τὴν δωρεάν, ἀναξίους νομίζων, οὕτω καὶ τὸν δῆμον ἀνάξιον ἡγεῖτο κύριον εἶναι τοῦ δοῦναι τὰ ἑαυτοῦ, ἐάν τῳ βούληται.

Ἀλλά, νὴ Δία, ἐκεῖνο ἂν ἴσως εἴποι πρὸς ταῦτα, ὅτι διὰ τὸ ῥᾳδίως ἐξαπατᾶσθαι τὸν δῆμον, διὰ τοῦτο οὕτως[5] ἔθηκε τὸν νόμον. Τί οὖν κωλύει πάντα ἀφῃρῆσθαι, καὶ ὅλως τὴν πολιτείαν ὑμᾶς, κατὰ τοῦτον τὸν λόγον; οὐ γὰρ ἔστιν ἐφ᾽ ὅτῳ τοῦτο οὐ πεπόνθατε τῶν πάντων· ἀλλὰ καὶ ψηφίσματα πολλὰ πολλάκις

DÉMOSTHÈNE.

DISCOURS

CONTRE LA LOI DE LEPTINE.

———◦◦◦———

Juges, c'est, avant tout, dans la pensée que l'abrogation de la loi importe à la république ; c'est, subsidiairement, pour les intérêts du fils de Chabrias, que j'ai consenti à seconder ces citoyens de tout mon pouvoir.

Nul doute, ô Athéniens ! que ni Leptine ni tout autre défenseur de sa loi, ne dira rien pour en montrer l'équité : il objectera que des hommes indignes, nantis de la dispense, ont secoué le fardeau des charges publiques ; et c'est sur ce point qu'il insistera le plus. Pour moi, je ne dirai pas : Arracher à tous leur récompense, parce qu'on accuse quelques hommes, c'est injustice (on l'a dit à peu près, et peut-être vous le reconnaissez); mais je demanderais volontiers à Leptine pourquoi, même dans la supposition la plus large, celle de l'indignité de tous, il vous enveloppe dans leur punition. Car, par cette disposition, *nul n'est exempt*, il ôte l'immunité à qui la possédait ; mais, en ajoutant que désormais nulle exemption ne pourra être décernée, il vous dépouille, vous, du droit d'en accorder. Or, je le défie d'avancer qu'en retirant une faveur à ceux qu'il en jugeait peu dignes, il croyait, par cela même, le peuple indigne de dispenser souverainement ses bienfaits.

Mais, par Jupiter ! il répondra peut-être qu'il a inscrit cette défense dans sa loi parce que le peuple est aisément trompé. Qui donc empêche qu'on ne vous confisque tous vos droits, et la démocratie en masse, à l'aide de ce motif ? car il n'est aucune partie du gouvernement où vous n'ayez éprouvé quelque déception. Souvent, par surprise, vous avez adopté de funestes décrets ; naguère encore on

ἐξαπατηθέντες κεχειροτονήκατε, καὶ συμμάχους ἤδη τινὰς ἥττους ἀντὶ κρειττόνων ἐπείσθητε ἑλέσθαι· καὶ ὅλως ἕν, οἶμαι, πολλοῖς, οἷς πράττετε, καὶ τοιοῦτό τι συμβαίνειν ἀνάγκη. Ἆρ' οὖν θησόμεθα νόμον διὰ ταῦτα, μηδὲ τὸ λοιπὸν ἐξεῖναι τῇ βουλῇ, μηδὲ τῷ δήμῳ, μήτε προβουλεύειν, μήτε χειροτονεῖν μηδέν; ἐγὼ μὲν οὐκ οἶμαι. Οὐ γάρ ἐσμεν ἀφαιρεθῆναι δίκαιοι, περὶ ὧν ἂν ἐξαπατηθῶμεν, ἀλλὰ διδαχθῆναι, ὅπως τοῦτο μὴ πεισόμεθα, καὶ θέσθαι νόμον, οὐχ ὃς ἀφαιρήσεται τὸ κυρίους ὑμᾶς εἶναι τῆς δωρεᾶς, ἀλλὰ δι' οὗ τὸν ἐξαπατῶντα τιμωρησόμεθα.

Εἰ τοίνυν τις, ἐάσας ταῦτα, αὐτὸ καθ' αὑτὸ ἐξετάσειε, πότερόν ποτε λυσιτελέστερόν ἐστι, κυρίους μὲν ὑμᾶς εἶναι τῆς δωρεᾶς, ἐξαπατηθέντας δέ ποτε καὶ φαύλῳ τινὶ δοῦναι, ἢ διὰ τὸ παντελῶς ἀκύρους γενέσθαι, μηδ' ἂν ἄξιόν τινα εἰδῆτε, ἐξεῖναι τιμῆσαι, εὕροιτ' ἂν μᾶλλον ἐκεῖνο λυσιτελοῦν. Διὰ τί; ὅτι ἐκ μὲν τοῦ πλείονας, ἢ προσήκει, τιμᾶν, πολλοὺς εὖ ποιεῖν προκαλεῖσθε ὑμᾶς· ἐκ δὲ τοῦ μηδενὶ μηδέν, μηδ' ἂν ἄξιος ᾖ, διδόναι, πάντας ἀπείρξετε τοῦ φιλοτιμεῖσθαι. Πρὸς δὲ τούτῳ, καὶ δι' ἐκεῖνο, ὅτι οἱ μὲν ἀνάξιόν τινα τιμήσαντες, εὐηθείας τινὰ δόξαν ἔχοιεν ἄν· οἱ δὲ τοὺς ἀγαθόν τι ποιοῦντας ἑαυτούς, μὴ τοῖς ὁμοίοις ἀμειβόμενοι, κακίας. Ὅσῳ δὴ κρεῖττον εὐήθη δοκεῖν, ἢ πονηρὸν εἶναι, τοσούτῳ λῦσαι τὸν νόμον κάλλιον, ἢ θέσθαι. Οὐ τοίνυν ἔμοιγε οὐδὲ ἐκεῖνο εὔλογον, ὦ ἄνδρες Ἀθηναῖοι, σκοπουμένῳ φαίνεται, καταμεμφόμενόν τινας ἐπὶ ταῖς ὑπαρχούσαις δωρεαῖς, τοὺς χρησίμους ὄντας[1] τῶν τιμῶν ἀποστερεῖν. Εἰ γάρ, ὑπαρχουσῶν τούτων, φαῦλοι καὶ ἀνάξιοί τινες κατὰ τὸν τούτου λόγον εἰσί, τί χρὴ προσδοκᾶν ἔσεσθαι τότε, ὅταν παντελῶς πλέον μέλλῃ μηδὲν εἶναι τοῖς χρηστοῖς οὖσιν;

Ἔτι τοίνυν ὑμᾶς κἀκεῖνο ἐνθυμεῖσθαι δεῖ, ὅτι ἐκ τῶν νῦν ὑπαρχόντων νόμων καὶ πάλαι κυρίων, οὓς οὐδ' αὐτὸς οὗτος ἀντείποι ἄν, μὴ οὐχὶ καλῶς ἔχειν, ἐνιαυτὸν διαλιπὼν ἕκαστος λειτουργεῖ· ὥστε τὸν ἥμισύν ἐστ' ἀτελὴς τοῦ χρόνου. Εἶτα ἧς πᾶσι μέτεστι τὸ ἥμισυ, καὶ τοῖς μηδοτιοῦν ἀγαθὸν πεποιηκόσιν ὑμᾶς, ταύτης[2] τοὺς εὖ ποιήσαντας, ἃ προσεθείκαμεν αὐτοῖς, ταῦτ'

vous persuada de préférer une faible alliance à une alliance puis-
sante ; et, en général, dans ces milliers d'affaires qui vous occupent,
cette chance aussi a sa fatalité. Eh bien ! par une loi déclarerons-
nous le conseil désormais inhabile à préparer un décret, le peuple à
le voter ? Non, sans doute : car nous ne méritons pas d'être privés
d'un droit parce que l'application a pu s'en égarer. Que plutôt on
nous prévienne contre l'erreur ; qu'on propose une loi, non pour
nous enlever la libre dispensation de nos dons, mais pour punir qui
nous trompe.

Que si, négligeant ces considérations, l'on recherche au fond
de la cause lequel est le plus utile, ou que vous soyez maîtres d'accorder une faveur, abusés parfois en la plaçant sur un homme nul,
ou que, frappés d'impuissance, il vous soit interdit de rémunérer
même le mérite reconnu, c'est du premier côté qu'on trouvera l'a-
vantage. Pourquoi ? c'est que, par cette profusion d'honneurs, vous
faites un appel au grand nombre pour vous bien servir, tandis qu'en
n'accordant aucune grâce à aucun mérite, vous étoufferez dans tous
les cœurs cette noble émulation ; c'est que, si l'on risque de passer
pour simple en récompensant un indigne, d'autre part, ne pas
rendre bienfait pour bienfait, ce serait passer pour ingrat. Autant
donc la réputation de faiblesse vaut mieux que celle de méchanceté,
autant il est plus honorable d'abroger la loi que de la maintenir.
Pour moi, quand j'y réfléchis, il me paraît peu raisonnable, ô Athéniens, de disgracier les citoyens utiles, parce qu'on se plaint de
quelques grâces accordées à certaines gens. En effet, si, malgré ces
faveurs, il est encore, suivant Leptine, des hommes sans cœur et
sans mérite, à quoi faut-il s'attendre dès qu'on ne gagnera rien du
tout à montrer du zèle ?

Considérez aussi qu'en vertu des lois actuelles, depuis longtemps
en vigueur, lois dont Leptine lui-même ne saurait contester la sagesse, chacun met, dans l'exercice des charges, une année de repos
sur deux, de manière à jouir de l'exemption la moitié du temps.
Ainsi, sur un avantage dont tous possèdent la moitié, même ceux
qui ne vous ont rendu aucun service, nous arracherions à nos bien-

ἀφελώμεθα; μηδαμῶς. Οὔτε γὰρ ἄλλως καλόν, οὔθ' ὑμῖν πρέπον.
Πῶς γὰρ οὐκ αἰσχρόν, ὦ ἄνδρες Ἀθηναῖοι, κατὰ μὲν τὴν ἀγο-
ράν, ἀψευδεῖν νόμον γεγράφθαι, ἐφ' οἷς οὐδέν ἐστι δημοσίᾳ βλά-
βος, εἴ τις ψεύσεται· ἐν δὲ τῷ κοινῷ μὴ χρῆσθαι τῷ νόμῳ τούτῳ
τὴν πόλιν, τὴν αὐτὴν ἐπιτάξασαν τοῖς ἰδιώταις, ἀλλὰ τοὺς ἀγαθόν τι πεποιηκότας ἐξαπατῆσαι, καὶ ταῦτα οὐ μικρὰν ζημίαν
ὀφλήσειν μέλλουσαν; Οὐ γάρ, εἰ μὴ χρήματα ἀπόλλυτε, μόνον
σκεπτέον, ἀλλ' εἰ καὶ δόξαν χρηστήν, περὶ ἧς μᾶλλον σπουδά-
ζετε ἢ περὶ χρημάτων, καὶ οὐ μόνον ὑμεῖς, ἀλλὰ καὶ οἱ πρόγο-
νοι. Τεκμήριον δέ· χρήματα μὲν γὰρ πλεῖστά ποτε κτησάμενοι,
πάντα ὑπὲρ φιλοτιμίας ἀνήλωσαν, ὑπὲρ δὲ δόξης οὐδένα πώποτε
κίνδυνον ἐξέστησαν, ἀλλὰ καὶ τὰς ἰδίας οὐσίας προσαναλίσκοντες
διετέλουν. Νῦν τοίνυν οὗτος ὁ νόμος ταύτην ἀντὶ καλῆς αἰσχρὰν
τῇ πόλει περιάπτει, καὶ οὔτε τῶν προγόνων, οὔθ' ὑμῶν ἀξίαν.
Τρία γὰρ τὰ μέγιστα ὀνείδη κτᾶται, φθονερούς, ἀπίστους, ἀχα-
ρίστους εἶναι δοκεῖν.

   Ὅτι τοίνυν οὐδ' ἔστιν ὅλως, ὦ ἄνδρες Ἀθηναῖοι, τοῦ ἤθους
τοῦ ὑμετέρου, κύριον ποιῆσαι τοιοῦτον νόμον, καὶ τοῦτο πειράσομαι δεῖξαι διὰ βραχέων, ἕν τι τῶν πρότερον πεπραγμένων τῇ
πόλει διεξελθών. Λέγονται χρήματα οἱ Τριάκοντα[1] δανείσασθαι
παρὰ Λακεδαιμονίων ἐπὶ τοὺς ἐν Πειραιεῖ. Ἐπειδὴ δὲ ἡ πόλις
εἰς ἓν ἦλθε, καὶ τὰ πράγματα ἐκεῖνα κατέστη, πρέσβεις πέμ-
ψαντες οἱ Λακεδαιμόνιοι τὰ χρήματα ταῦτα ἀπῄτουν. Λόγων δὲ
γιγνομένων, καὶ τῶν μὲν[2] τοὺς δανεισαμένους ἀποδοῦναι κελευόντων, τοὺς ἐξ ἄστεος· τῶν δὲ τοῦτο πρῶτον ὑπάρξαι τῆς ὁμο-
νοίας σημεῖον ἀξιούντων, τὸ κοινῇ διαλῦσαι τὰ χρήματα· φασὶ
τὸν δῆμον ἑλέσθαι συνεισενεγκεῖν αὐτὸν καὶ μετασχεῖν τῆς δαπάνης, ὥστε μὴ λῦσαι τῶν ὡμολογημένων μηδέν. Πῶς οὖν οὐ
δεινόν, ὦ ἄνδρες Ἀθηναῖοι, εἰ τότε μὲν τοῖς ἠδικηκόσιν ὑμᾶς,
ὑπὲρ τοῦ μὴ ψεύσασθαι, τὰ χρήματα ταῦτα εἰσφέρειν ἠθελή-
σατε· νῦν δέ, ἐξὸν ὑμῖν[3] ἄνευ δαπάνης τὰ δίκαια ποιῆσαι τοῖς
εὐεργέταις, λύσαι τὸν νόμον, ψεύδεσθαι μᾶλλον αἱρήσεσθε; ἐγὼ
μὲν οὐκ ἀξιῶ.

faiteurs la part que nous leur avons ajoutée ! Non, non : il n'y aurait
là ni honneur, ni convenance. Quelle honte, en effet, ô Athéniens !
si, tandis qu'une loi défend, sur la place du marché, des fraudes
sans danger pour l'État, cette même Athènes qui impose cette loi
aux particuliers ne l'appliquait pas à la chose publique ! si elle trompait ses fidèles serviteurs, et les trompait en se condamnant elle-
même à une perte immense ! Car ce serait peu de veiller sur vos économies : veillez aussi sur cette bonne renommée qui fut toujours plus
chère que l'or et à vous et à vos ancêtres. Je les atteste ici : après
avoir amassé de grandes richesses, ils les prodiguèrent pour la gloire,
ils ne reculèrent devant aucun péril ; et, dans leur persévérance, ils
ajoutèrent encore à ces sacrifices celui de leurs fortunes personnelles. Or, aujourd'hui s'effacent ces nobles titres, et votre loi enveloppe la patrie d'un opprobre indigne de vos pères, indigne de
vous-mêmes : car elle vous marque de la triple flétrissure de l'envieux, du traître, de l'ingrat.

Que la confirmation d'une telle loi répugne complétement à votre
caractère, voilà encore, ô Athéniens, ce que je vais tâcher de démontrer par le court exposé d'un trait de notre histoire. On dit que
les Trente empruntèrent une somme aux Lacédémoniens pour com-
battre les réfugiés du Pirée. La concorde rétablie dans Athènes, et
les troubles apaisés, Sparte envoya redemander son argent. On dis-
cuta : les uns rejetaient le payement sur les emprunteurs, qui for-
maient le parti de la ville ; les autres jugeaient que, payer en commun, ce serait donner un premier gage de réconciliation. Le peuple
se détermina à s'imposer lui-même, et à partager la dépense, pour
ne violer aucun article du traité. Or, ne serait-il pas étrange, ô Athéniens, qu'après avoir consenti à acquitter par une contribution la
dette de vos tyrans, pour demeurer fidèles à votre parole, aujour-
d'hui, libres d'être, sans frais, justes envers des bienfaiteurs, en
brisant cette loi, vous préfériez vous parjurer ? Pour moi, je pro-
teste.

Τὸ μὲν τοίνυν τῆς πόλεως ἦθος, ὦ ἄνδρες Ἀθηναῖοι, καὶ ἐπ᾽ ἄλλων πολλῶν καὶ ἐφ᾽ ὧν εἶπον, ἴδοι τις ἂν τοιοῦτον, ἀψευδὲς καὶ χρηστόν, οὐ τὸ λυσιτελέστατον πρὸς ἀργύριον σκοποῦν, ἀλλὰ τί καὶ καλὸν πρᾶξαι· τὸ δὲ τοῦ θέντος τὸν νόμον, τὰ μὲν ἄλλα ἔγωγε οὐκ οἶδα, οὐδὲ λέγω φλαῦρον οὐδέν, οὐδὲ σύνοιδα· ἐκ δὲ τοῦ νόμου σκοπῶν, εὑρίσκω πολὺ τούτου κεχωρισμένον. Φημὶ τοίνυν ἐγὼ κάλλιον εἶναι, τοῦτον ὑμῖν ἀκολουθῆσαι περὶ τοῦ λῦσαι τὸν νόμον, ἢ ὑμᾶς τούτῳ περὶ τοῦ θέσθαι· καὶ λυσιτελέστερον εἶναι καὶ ὑμῖν καὶ τούτῳ, τὴν πόλιν πεπεικέναι Λεπτίνην, ὅμοιον αὐτῇ γενέσθαι δοκεῖν, ἢ αὐτὴν ὑπὸ τούτου πεπεῖσθαι, ὁμοίαν εἶναι τούτῳ. Οὐδὲ γάρ, εἰ πάνυ χρηστός ἐστιν, ὡς ἐμοῦγε ἕνεκα ἔστω[1], βελτίων ἐστὶ τῆς πόλεως τὸ ἦθος.

Νομίζω τοίνυν ὑμᾶς, ὦ ἄνδρες δικασταί, ἄμεινον ἂν περὶ τοῦ παρόντος βουλεύσασθαι, εἰ κἀκεῖνο μάθοιτε, ὅτι, ᾧ μόνῳ μείζους εἰσὶν αἱ παρὰ τῶν δήμων δωρεαὶ τῶν παρὰ τῶν ἄλλων πολιτειῶν διδομένων, καὶ τοῦτο ἀναιρεῖται νῦν τῷ νόμῳ. Τῇ μὲν γὰρ χρείᾳ τῇ τῶν εὑρισκομένων τὰς δωρεὰς οἱ τύραννοι, καὶ οἱ τὰς ὀλιγαρχίας ἔχοντες, μάλιστα δύνανται τιμᾶν· πλούσιον γάρ, ὃν ἂν βούλωνται, παραχρῆμα ἐποίησαν· τῇ δὲ τιμῇ καὶ τῇ βεβαιότητι τὰς παρὰ τῶν δήμων δωρεὰς εὑρήσετε οὔσας βελτίους. Τό τε γὰρ μὴ μετ᾽ αἰσχύνης, ὡς κολακεύοντα, λαμβάνειν, ἀλλ᾽ ἐν ἰσηγορίᾳ, δοκοῦντα ἄξιόν τινος εἶναι, τιμᾶσθαι, τῶν καλῶν ἐστι· τό τε ὑπὸ τῶν ὁμοίων ἑκόντων θαυμάζεσθαι, τοῦ παρὰ τοῦ δεσπότου λαμβάνειν ὁτιοῦν, κρεῖττον εἶναι δοκεῖ. Παρὰ μὲν γὰρ ἐκείνοις μείζων ἐστὶν ὁ τοῦ μέλλοντος φόβος τῆς παρούσης χάριτος· παρὰ δ᾽ ὑμῖν ἀδεῶς, ἃ ἂν λάβῃ τις, ἔχειν ὑπῆρχε, τὸν γοῦν ἄλλον χρόνον. Ὁ τοίνυν τὴν πίστιν ἀφαιρῶν τῶν δωρεῶν νόμος, οὗτος, ᾧ μόνῳ κρείττους εἰσὶν αἱ παρ᾽ ὑμῶν δωρεαί, τοῦτο ἀφαιρεῖται. Καίτοι τῶν ἁπασῶν ἡςάντινος πολιτείας τὸ κομίζεσθαι τοὺς εὔνους τοῖς καθεστῶσι χάριν ἂν ἐξέλῃς, οὐ μικρὰν φυλακὴν αὐτῶν ταύτην ἀφῃρηκὼς ἔσει.

Τάχα τοίνυν ἴσως ἐκεῖνο λέγειν ἂν ἐπιχειρήσειε Λεπτίνης, ἀπάγων ὑμᾶς ἀπὸ τούτων, ὡς αἱ λειτουργίαι νῦν μὲν εἰς πένητας

Telle fut donc notre république, ô Athéniens, et dans la circonstance dont je parle, et dans une foule d'autres, sincère, généreuse,
ayant pour but, non le plus haut intérêt pécuniaire, mais les belles
actions. Quant à l'auteur de la loi, j'ignore ses sentiments dans tout
le reste, je ne lui attribue aucune mauvaise intention, je ne lui en
connais point : mais, à le juger d'après sa loi, je trouve, entre vous
et lui, une distance énorme. Or, je dis : il est plus beau que vous
l'entraîniez à retirer cette loi, que d'être entraînés par lui à la confirmer; il est plus avantageux pour vous et pour Leptine, si la république lui persuade de se régler sur elle, que s'il engage la république à se modeler sur lui. Que rien ne manque à ses belles qualités,
je le veux : mais est-il donc plus sage qu'Athènes?

Pour éclairer votre délibération, ô juges, considérez encore que le
seul avantage qui élève les faveurs démocratiques au-dessus de celles
des autres gouvernements, tombe devant la loi. En effet, à ne considérer que le profit de celui qui reçoit, ce sont surtout les rois et
les chefs d'oligarchies qui peuvent récompenser : ils n'ont qu'à vouloir, et à l'instant ils l'ont enrichi. Mais, pour l'honneur, pour la
stabilité, vous préférerez les récompenses que décernent les peuples.
Il est beau de recevoir sans les bassesses de la flatterie, d'être honoré parmi des égaux qui nous estiment; et la libre admiration de
nos concitoyens est bien au-dessus de toutes les largesses d'un maître.
Sous celui-ci, plus vive est la crainte de l'avenir que la jouissance ac-
tuelle du bienfait; chez vous, on possède avec sécurité ce qu'on a
reçu.... on le possédait du moins autrefois. Cette loi donc, ôtant la
sûreté à vos dons, leur ôte ce qui, seul, leur donne un plus grand
prix. D'ailleurs, arracher d'un État quelconque la reconnaissance
pour ses zélés défenseurs, c'est renverser son plus ferme appui.

Pour essayer de vous donner le change, Leptine alléguera peut-
être que les charges tombent maintenant sur le pauvre, et que sa loi

ἀνθρώπους ἔρχονται, ἐκ δὲ τοῦ νόμου λειτουργήσουσιν οἱ πλουσιώτατοι[1]. Ἔστι δὲ τοῦτο, οὑτωσὶ μὲν ἀκοῦσαι, λόγον τινὰ ἔχον·
εἰ δέ τις αὐτὸ ἀκριβῶς ἐξετάσειε, ψεῦδος ἂν ὂν φανείη. Εἰσὶ γὰρ
δήπου παρ' ἡμῖν αἵ τε τῶν μετοίκων λειτουργίαι, καὶ αἱ πολι-
τικαί[2]· ὧν ἑκατέρων ἐστὶ τοῖς εὑρημένοις ἡ ἀτέλεια, ἣν οὗτος
ἀφαιρεῖται· τῶν γὰρ εἰς τὸν πόλεμον καὶ τὴν σωτηρίαν τῆς πόλεως εἰσφορῶν καὶ τριηραρχιῶν, ὀρθῶς καὶ δικαίως, οὐδεὶς ἔστ'
ἀτελὴς ἐκ τῶν παλαιῶν νόμων, οὐδέ, οὓς οὗτος ἔγραψε, τοὺς ἀφ'
Ἁρμοδίου καὶ Ἀριστογείτονος[3]. Σκεψώμεθα δή, τίνας ἡμῖν εἰς-
ποιεῖ χορηγοὺς εἰς ἐκείνας τὰς λειτουργίας, καὶ πόσους, ἐὰν μὴ
τούτῳ προσέχωμεν, ἀφήσει. Οἱ μὲν τοίνυν πλουσιώτατοι, τριηρ-
αρχοῦντες ἀεί, τῶν χορηγιῶν ἀτελεῖς ὑπάρχουσιν· οἱ δ' ἐλάττω
τῶν ἱκανῶν κεκτημένοι, τὴν ἀναγκαίαν ἀτέλειαν ἔχοντες, ἔξω
τοῦ τέλους εἰσὶ τούτου. Οὐκοῦν τούτων μὲν οὐδετέρων οὐδεὶς διὰ
τὸν νόμον ἡμῖν προσέσται χορηγός. « Ἀλλά, νὴ Δία, εἰς τὰς τῶν
μετοίκων λειτουργίας εἰσποιεῖ πολλούς. » Ἀλλ' ἐὰν δείξῃ πέντε,
ἐγὼ ληρεῖν ὁμολογῶ. Θήσω τοίνυν ἐγὼ μὴ τοιοῦτον εἶναι τοῦτο,
ἀλλὰ καὶ τῶν μετοίκων πλείονας ἢ τοσούτους, ἐὰν ὁ νόμος τεθῇ,
τοὺς λειτουργοῦντας ἔσεσθαι[4], καὶ τῶν πολιτῶν μηδένα ἐκ τριηραρχίας ὑπάρξειν ἀτελῆ. Σκεψώμεθα δὴ τί τοῦτ' ἔσται τῇ πόλει,
ἐὰν ἅπαντες οὗτοι λειτουργῶσι. Φανήσεται γὰρ οὐδέ, πολλοῦ
δεῖ, τῆς γενησομένης ἄξιον αἰσχύνης. Ὁρᾶτε δὲ οὑτωσί. Εἰσὶ
τῶν ξένων ἀτελεῖς, δέκα θήσω (καί, μὰ τοὺς θεούς, ὅπερ εἶπον
ἀρτίως, οὐκ οἶμαι πέντε εἶναι)· καὶ μὴν τῶν γε πολιτῶν οὐκ
εἰσὶ πέντε ἢ ἕξ· οὐκοῦν ἀμφοτέρων ἑκκαίδεκα. Ποιήσωμεν αὐτοὺς εἴκοσιν· εἰ δὲ βούλεσθε, τριάκοντα. Πόσοι δήποτ' εἰσὶν οἱ
κατ' ἐνιαυτὸν τὰς ἐγκυκλίους λειτουργίας λειτουργοῦντες, χορη-
γοὶ καὶ γυμνασίαρχοι καὶ ἑστιάτορες; ἑξήκοντα ἴσως, ἢ μικρῷ
πλείους σύμπαντες οὗτοι. Ἵνα οὖν τριάκοντα ἄνθρωποι πλείους
παρὰ πάντα τὸν χρόνον λειτουργήσωσιν ἡμῖν, τοὺς ἅπαντας
ἀπίστως πρὸς ἡμᾶς αὐτοὺς διαθῶμεν; ἀλλ' ἴσμεν ἐκεῖνο δήπου,
ὅτι λειτουργήσουσι μέν, ἄνπερ ἡ πόλις ᾖ, πολλοί, καὶ οὐκ ἐπι-
λείψουσιν· εὖ δὲ ποιεῖν ἡμᾶς οὐδεὶς ἐθελήσει, τοὺς πρότερον
ποιήσαντας ἐὰν ἠδικημένους εἴδῃ. Εἶεν. Εἰ δὲ δὴ τὰ μάλιστα

les reportera sur le riche. Raison spécieuse, dont un examen approfondi découvre la fausseté. En effet, il y a chez nous charges de métèques et charges de citoyens : pour ces deux sortes, on peut obtenir la dispense que Leptine supprime. Mais de toutes les contributions, de tous les armements de vaisseaux qui concernent la guerre et importent au salut de l'État, les anciennes lois, justes et sages, n'exemptent personne, pas même ceux que Leptine a exceptés, les descendants d'Harmodius et d'Aristogiton. Examinons donc quels citoyens il associe aux fonctionnaires de ces premières charges, et combien d'exemptions il laissera échapper si nous rejetons sa loi. Les plus riches, toujours armateurs, sont dispensés des charges d'agrément. Ceux qui n'ont pas le nécessaire sont, par une immunité forcée, placés en dehors de cet impôt. Ainsi, dans ces deux classes, la loi ne nous fera pas gagner un seul contribuable. « Mais, par Jupiter ! pour les charges des métèques, nous en gagnons beaucoup. » S'il le prouve pour cinq, qu'on m'accuse de déraisonner. Eh bien ! j'admets qu'il n'en sera pas ainsi : la loi confirmée atteindra plus de cinq étrangers pour satisfaire aux subventions, et, pour aucun citoyen, le titre d'armateur ne sera plus une dispense : où sera l'avantage public, si tous ces gens-là font le service ? compensera-t-il la honte qui nous attend ? il sera beaucoup au-dessous. Calculez : il y a d'étrangers exempts, je suppose dix (et, par les dieux ! comme je le disais à l'instant, je n'en compte pas même cinq); parmi les citoyens, il en est à peine cinq ou six. Total, seize. Mettons-en vingt, mettons-en trente, si vous voulez. Combien d'hommes, chaque année, remplissent les charges périodiques de chorége, de gymnasiarque, d'hestiateur ? Peut-être en tout soixante, ou un peu plus. Eh quoi ! afin d'obtenir, pour la perpétuité du service, trente contribuables de plus, nous soulèverions une méfiance générale ! Ignorons-nous que, tant qu'il y aura une Athènes, nous ne manquerons pas de sujets pour remplir les charges, et que nul ne voudra nous servir, si l'on voit nos anciens serviteurs lésés ? Mais soit, supposons, au pis-aller,

ἐπέλιπον οἱ χορηγεῖν οἷοί τε, πρὸς Διός, πότερον κρεῖττον ἦν εἰς συντέλειαν ἀγαγεῖν τὰς χορηγίας, ὥσπερ τὰς τριηραρχίας, ἢ τοὺς εὐεργέτας ἀφελέσθαι τὰ δοθέντα; ἐγὼ μὲν ἐκεῖνο οἶμαι. Νῦν μέν γε, τὸν χρόνον, ὃν ἂν τούτων ἕκαστος λειτουργῇ, δίδωσι τὴν ἀνάπαυσιν αὐτοῖς μόνον, μετὰ ταῦτα δὲ οὐδὲν ἔλαττον ἕκαστος αὐτῶν ἀναλώσει· τότε δ᾽ ἄν, μικρᾶς συντελείας ἀπὸ τῶν ὑπαρ-χόντων ἑκάστῳ γιγνομένης, οὐδὲν ἔπασχε δεινὸν οὐδείς, οὐδ᾽ εἰ πάνυ μικρὰ κεκτημένος ἦν.

Οὕτω τοίνυν τινές, ὦ ἄνδρες Ἀθηναῖοι, σφόδρα ἔχουσιν ἀλο-γίστως, ὥστε ἐπιχειροῦσι λέγειν, πρὸς μὲν ταῦτα οὐδέν, ἄλλα δὲ τοιαδί· ὡς ἄρα δεινόν, εἰ ἐν κοινῷ μὲν μηδ᾽ ὁτιοῦν ὑπάρχει τῇ πόλει, ἰδίᾳ δέ τινες πλουτήσουσιν, ἀτελείας ἐπειλημμένοι. Ἔστι δὲ ταῦθ᾽ ἅμα ἀμφότερα οὐχὶ δίκαιον λέγειν. Εἰ μὲν γάρ τις ἔχει πολλά, μηδὲν ὑμᾶς ἀδικῶν, οὐχὶ δεῖ δήπου τούτῳ βασκαίνειν· εἰ δ᾽ ὑφῃρημένον φήσουσιν, ἤ τινα ἄλλον, οὐχ ὃν προσήκει, τρό-πον κεκτῆσθαι, εἰσὶ νόμοι, καθ᾽ οὓς προσήκει κολάζειν. Ὅτε δὲ τοῦτο μὴ ποιοῦσιν, οὐδὲ τὸν λόγον αὐτοῖς τοῦτον λεκτέον. Καὶ μὴν περὶ τοῦ γε μὴ εἶναι χρήματα κοινὰ τῇ πόλει, ἐκεῖνο ὑμᾶς δεῖ σκοπεῖν, ὅτι οὐδὲν ἔσεσθε εὐπορώτεροι, τὰς ἀτελείας ἐὰν ἀφέλησθε. Οὐ γὰρ κοινωνεῖ ταῖς δημοσίαις προσόδοις καὶ περιου-σίαις ταῦτα τἀναλώματα οὐδέν. Χωρὶς δὲ τούτων, νυνὶ τῇ πόλει δυοῖν ἀγαθοῖν ὄντοιν, πλούτου τε καὶ τοῦ πρὸς ἅπαντας πιστεύ-εσθαι[1], μεῖζόν ἐστι τὸ τῆς πίστεως ὑπάρχον ἡμῖν. Εἰ δέ τις οἴεται δεῖν, ὅτι χρήματα οὐκ ἔχομεν, μηδὲ δόξαν ἔχειν ἡμᾶς χρηστήν, οὐ καλῶς φρονεῖ. Ἐγὼ μὲν γὰρ εὔχομαι τοῖς θεοῖς, μάλιστα μὲν ἡμῖν καὶ χρήματα πολλὰ γενέσθαι· εἰ δὲ μή, τό γε πιστοῖς εἶναι καὶ βεβαίοις δοκεῖν διαμεῖναι[2].

Φέρε δή, καὶ τὰς εὐπορίας, ἃς ἀναπαυομένους τινὰς εὐπορή-σειν οὗτοι φήσουσιν, εἰς μέσον ὑμῖν γινομένας δείξω. Ἴστε γὰρ δήπου, ὅτι τῶν τριηραρχιῶν οὐδεὶς ἔστ᾽ ἀτελής[3], οὐδὲ τῶν εἰσ-φορῶν τῶν εἰς τὸν πόλεμον. Οὐκοῦν ὁ πολλὰ κεκτημένος οὗτος, ὅστις ἂν ᾖ, πολλὰ εἰς ταῦτα συντελεῖ· πᾶσα ἀνάγκη. Καὶ μὴν ὅτι δεῖ τὴν εὐπορίαν εἰς ταῦτα ὑπάρχειν πλείστην τῇ πόλει,

une disette de contribuables : par Jupiter! ne vaudrait-il pas mieux
ouvrir, pour les dépenses de nos fêtes, une cotisation, comme pour
un armement naval, que d'arracher nos propres dons à des bienfaiteurs? Moi, je n'en saurais douter. Maintenant, le temps où chacun
d'eux remplirait les charges n'est qu'un délai accordé aux autres,
qui, ce délai expiré, n'en dépenseront pas une obole de moins; au
lieu qu'une légère contribution ne gênerait personne, pas même les
plus pauvres.

Il est d'assez mauvais raisonneurs, ô Athéniens! pour s'écrier,
sans essayer d'ailleurs de nous répondre : « Chose intolérable! le
trésor est vide, et les particuliers s'enrichiront en accaparant les
dispenses! » Ce rapprochement est injuste. En effet, quand un
homme possède de grands biens sans vous avoir fait tort, pourquoi
le poursuivre de votre jalousie? Si ces gens-là prétendent que sa fortune provient de malversations, ou de quelque autre moyen criminel,
les lois sont là, qu'ils les invoquent pour les punir. Puisqu'ils n'en
font rien, ils doivent se taire. Quant à l'épuisement de vos finances,
considérez que vous n'en serez pas plus riches si vous abolissez les
exemptions. En effet, quel rapport les dépenses des fêtes ont-elles
avec les revenus et l'opulence de l'État? aucun. D'ailleurs, quand
même Athènes posséderait aujourd'hui ces deux biens, la richesse et
la confiance générale, le plus précieux sera toujours la part de confiance dont nous jouissons. Croire que, parce qu'on manque d'argent
on doive aussi renoncer à l'honneur, c'est une ignoble pensée. Grands
dieux! comblez Athènes de richesses! ou, du moins, maintenez
notre réputation d'inébranlable loyauté!

Avançons, et montrons que même les riches économies faites,
dira-t-on, par quelques particuliers, à l'aide des dispenses, devien-
nent votre bien commun. Nul, vous le savez, n'est exempt de l'équi-
pement des navires ni des contributions de guerre. Ce riche, quel
qu'il soit, donne beaucoup dans ces deux parties, et c'est une conséquence rigoureuse. D'ailleurs, d'un aveu unanime, il faut à l'État,

πάντες ἂν ὁμολογήσειαν. Παρὰ μὲν γὰρ τὰς ἐπὶ τῶν χορηγιῶν
δαπάνας μικρὸν ἡμέρας μέρος ἡ χάρις τοῖς θεωμένοις ἡμῶν ἐστι·
παρὰ δὲ τὰς τῶν εἰς τὸν πόλεμον παρασκευῶν ἀφθονίας, πάντα
τὸν χρόνον ἡ σωτηρία πάσῃ τῇ πόλει. Ὣσθ᾽, ὅσον ἐνθάδε ἀφίετε,
ἐκεῖ κομίζεσθε· καὶ δίδοτε ἐν τιμῆς μέρει ταῦθ᾽, ἃ καὶ μὴ λαβοῦ-
σίν ἐστιν ἔχειν τοῖς τοῦ τριηραρχεῖν ἄξια κεκτημένοις. Ἀλλὰ
μήν, ὅτι τῶν τριηραρχιῶν οὐδείς ἐστ᾽ ἀτελής, οἶμαι μὲν ὑμᾶς
εἰδέναι πάντας· ὅμως δὲ καὶ τὸν νόμον ὑμῖν αὐτὸν ἀναγνώσεται.
Λαβὲ τὸν περὶ τῶν τριηραρχιῶν νόμον, καὶ λέγε τοῦτ᾽ αὐτό[1].

ΝΟΜΟΣ.

ΑΤΕΛΗ ΔΕ ΜΗΔΕΝΑ ΕΙΝΑΙ ΤΡΙΗΡΑΡΧΙΑΣ, ΠΛΗΝ
ΤΩΝ ΕΝΝΕΑ ΑΡΧΟΝΤΩΝ.

Ὁρᾶτε ὡς σαφῶς, ὦ ἄνδρες Ἀθηναῖοι, μηδένα εἶναι
τριηραρχίας ἀτελῆ, διείρηκεν ὁ νόμος, πλὴν τῶν ἐννέα
ἀρχόντων. Οὐκοῦν οἱ μὲν ἐλάττω κεκτημένοι τοῦ τριηραρχίας
ἄξια ἔχειν, ἐν ταῖς εἰσφοραῖς συντελοῦσιν εἰς τὸν πόλεμον· οἱ δ᾽
ἐφικνούμενοι τοῦ τριηραρχεῖν[2], εἰς ἀμφότερα ὑμῖν ὑπάρξουσι
χρήσιμοι, καὶ τριηραρχεῖν, καὶ εἰσφέρειν. Τίνα οὖν ῥᾳστώνην
τοῖς πολλοῖς ὁ σός, ὦ Λεπτίνη, ποιήσει νόμος, εἰ μιᾶς ἢ δυοῖν
φυλαῖν ἕνα χορηγὸν καθίστησιν, ὃς ἀνθ᾽ ἑνὸς ἄλλου τοῦθ᾽ ἅπαξ
ποιήσας, ἀπαλλάξεται[3]; ἐγὼ μὲν οὐχ ὁρῶ· τῆς δέ γε αἰσχύνης
ὅλην ἀναπίμπλησι τὴν πόλιν καὶ τῆς ἀπιστίας. Οὔκουν, ὅτε
πολλῷ μείζονα βλάψει τῶν ὠφελειῶν, ὧν ἔχει, προσήκει λελύ-
σθαι παρὰ τοῖσδε αὐτόν; ἔγωγ᾽ ἂν φαίην.

Ἔτι δ᾽, ὦ ἄνδρες δικασταί, διὰ τὸ γεγράφθαι ἐν τῷ νόμῳ
διαρρήδην αὐτοῦ, μηδένα μήτε τῶν πολιτῶν, μήτε τῶν
ἰσοτελῶν[4], μήτε τῶν ξένων εἶναι ἀτελῆ, μὴ διῃρῆσθαι
δὲ ὅτου ἀτελῆ, χορηγίας, ἢ τίνος ἄλλου τέλους, ἀλλ᾽ ἁπλῶς μηδένα, πλὴν τῶν ἀφ᾽ Ἁρμοδίου καὶ Ἀριστογείτονος·
καὶ ἐν μὲν τῷ μηδένα, πάντας περιλαμβάνειν τοὺς ἄλλους, ἐν
δὲ τῷ τῶν ξένων μὴ διορίζειν τῶν οἰκούντων Ἀθήνησιν, ἀφαι-

dans ce double service, des ressources inépuisables. En effet, si les dépenses chorégiques procurent quelques heures de plaisir à quelques spectateurs, l'abondance dans les approvisionnements militaires assure à jamais la défense de la république. Ainsi, vous lâchez d'une main pour reprendre de l'autre ; vous accordez à titre d'honneur ce qu'obtiendraient sans cela ceux qui ont le cens naval. Bien que vous sachiez tous, je le présume, qu'il n'y a aucune exemption pour les armements, on va vous lire le texte de la loi. — Prends la loi sur les charges maritimes, et lis cet article.

LOI.

NUL N'EST DISPENSÉ DE LA TRIÉRARCHIE, EXCEPTÉ LES NEUF ARCHONTES.

Voyez, ô Athéniens, combien la loi est claire et précise : *Personne, excepté les neuf archontes.* De là, celui qui n'est pas assez riche pour avoir le cens d'armateur, devient co-imposable pour les contributions de guerre ; et celui qui s'est élevé à la triérarchie servira, et dans les armements, et dans ces contributions. Quel allégement donc, ô Leptine, ta loi procurera-t-elle à la multitude, en établissant par tribu ou par deux tribus un seul chorége, qui en sera quitte pour remplir une fois la charge qu'un autre aurait remplie ? Je ne le vois pas ; mais la honte, mais la méfiance déborderont ici de toutes parts. Puisque ta loi fait beaucoup plus de mal que de bien, ne puis-je soutenir que cette assemblée doit la rejeter ?

De plus, ô juges, comme il est écrit en propres termes, dans cette loi : *Personne, ni citoyen, ni isotèle, ni étranger, ne sera dispensé,* et que, sans appliquer spécialement la dispense ou à la chorégie, ou à quelque autre redevance, elle dit simplement : *Personne, excepté les descendants d'Harmodius et d'Aristogiton ;* comme d'ailleurs, dans ce mot *personne,* elle comprend tous les autres, et qu'elle ne borne pas le sens du mot *étranger* à celui qui habite

ρεῖται καὶ Λεύκωνα, τὸν ἄρχοντα Βοσπόρου[1], καὶ τοὺς παῖδας
αὐτοῦ τὴν δωρεάν, ἣν ὑμεῖς ἔδοτε αὐτοῖς. Ἔστι γὰρ γένει μὲν
δήπου ὁ Λεύκων ξένος, τῇ δὲ παρ' ὑμῶν ποιήσει πολίτης· κατ'
οὐδέτερον δ' αὐτῷ τὴν ἀτέλειαν ἔστ' ἔχειν ἐκ τούτου τοῦ νόμου.
Καίτοι τῶν μὲν ἄλλων εὐεργετῶν χρόνον τινὰ ἕκαστος ὑμῖν χρή-
σιμον ἑαυτὸν παρέσχεν, οὗτος δ', ἂν σκοπῆτε, φανήσεται συνε-
χῶς ἡμᾶς εὖ ποιῶν· καὶ ταῦθ', ὧν μάλιστα ἡμῶν ἡ πόλις δεῖται[2].
Ἴστε γὰρ δήπου τοῦθ', ὅτι πλείστῳ τῶν ἁπάντων ἀνθρώπων
ἡμεῖς ἐπεισάκτῳ σίτῳ χρώμεθα[3]. Πρὸς τοίνυν ἅπαντα τὸν ἐκ
τῶν ἄλλων ἐμπορίων ἀφικνούμενον ὁ ἐκ τοῦ Πόντου σῖτος εἰσ-
πλέων ἐστίν. Εἰκότως· οὐ γὰρ μόνον διὰ τὸ τὸν τόπον τοῦτον
σῖτον ἔχειν πλεῖστον τοῦτο γίνεται, ἀλλὰ καὶ διὰ τὸ κύριον ὄντα
τὸν Λεύκωνα αὐτοῦ τοῖς ἄγουσι τὸν σῖτον Ἀθήναζε ἀτέλειαν δεδωκέναι, καὶ κηρύττειν πρώτους γεμίζεσθαι τοὺς ὡς ἡμᾶς πλέον-
τας. Ἔχων γὰρ ἐκεῖνος ἑαυτῷ καὶ τοῖς παισὶ τὴν ἀτέλειαν, ἅπασι
δέδωκεν ὑμῖν. Τοῦτο δὲ ἡλίκον ἐστί, θεωρήσατε. Ἐκεῖνος πράτ-
τεται τοὺς παρ' αὐτοῦ σῖτον ἐξάγοντας τριακοστήν. Αἱ τοίνυν παρ'
ἐκείνου δεῦρο ἀφικνούμεναι σίτου μυριάδες περὶ τετταράκοντά
εἰσι· καὶ τοῦτο ἐκ τῆς παρὰ τοῖς σιτοφύλαξιν[4] ἀπογραφῆς ἄν τις
ἴδοι. Οὐκοῦν παρὰ μὲν τὰς τριάκοντα μυριάδας, μυρίους δίδωσι
μεδίμνους ὑμῖν, παρὰ δὲ τὰς δέκα, ὡσπερανεὶ τρισχιλίους[5]. Τοσούτου τοίνυν δεῖ ταύτην ἀποστερῆσαι τὴν δωρεὰν τὴν πόλιν,
ὥστε προσκατασκευάσας ἐμπόριον Θευδοσίαν, ὅ φασιν οἱ πλέοντες
οὐδ' ὁτιοῦν χεῖρον εἶναι τοῦ Βοσπόρου, κἀνταῦθα δέδωκε τὴν ἀτέλειαν ἡμῖν.

Καὶ τὰ μὲν ἄλλα σιωπῶ, πολλὰ ἂν ἔχων εἰπεῖν, ὅσα εὐεργέ-
τηκεν ὑμᾶς οὗτος ἀνήρ, καὶ αὐτὸς καὶ οἱ πρόγονοι· ἀλλὰ προπέρυσι[6] σιτοδείας παρὰ πᾶσιν ἀνθρώποις γενομένης, οὐ μόνον ὑμῖν
ἱκανὸν σῖτον ἀπέστειλεν, ἀλλὰ τοσούτου, ὥστε πεντεκαίδεκα ἀργυρίου τάλαντα, ἃ Καλλισθένης διῴκησε, προσπεριγενέσθαι. Τί
οὖν οἴεσθε, ὦ ἄνδρες Ἀθηναῖοι, τοῦτον, τὸν τοιοῦτον περὶ ὑμᾶς
γεγενημένον, ἐὰν ἀκούσῃ νόμῳ τὴν ἀτέλειαν ὑμᾶς ἀφῃρημένους
αὐτόν, καὶ μηδ', ἂν μεταδόξῃ ποτέ, ψηφισαμένους ἐξεῖναι δοῦ-

Athènes, elle dépouille aussi Leucon, prince de Bosphore, et ses enfants, du privilége qu'ils tiennent de vous. Étranger par sa naissance, Leucon est Athénien par votre adoption : or, à aucun de ces deux titres, il ne peut jouir de l'immunité d'après la loi. Toutefois, parmi vos autres bienfaiteurs, chacun ne nous a servi que temporairement. Leucon, pensez-y, vous rend des services continuels; et quels services! ceux dont notre ville a le plus pressant besoin. Aucun peuple, vous le savez, n'emploie autant que nous de blés étrangers. Or nos navires nous en apportent du Pont presque autant que de tous les autres marchés réunis. Cela se conçoit : cette contrée est très-fertile en grains; et, de plus, Leucon, son souverain absolu, octroie la franchise à ceux qui en amènent ici, et fait proclamer qu'ils chargeront les premiers. C'est que l'immunité qu'il a reçue pour lui-même et pour ses enfants, il vous la paye à tous. Et jugez du prix de ses concessions. Il perçoit un droit de trentième sur le blé enlevé de ses États; or il nous arrive de ce pays environ quatre cent mille médimnes, comme on peut le voir sur le contrôle des inspecteurs des grains. Donc, sur trois cent mille mesures, ce sont dix mille qu'il nous donne, et environ trois mille sur cent mille. Et il est si éloigné de retirer à la république cette munificence, qu'il a appliqué nos franchises à son marché de Theudosie, nouvel établissement qui, au rapport des navigateurs, ne le cède en rien à celui de Bosphore.

Je tais une foule d'autres services que je pourrais citer, et que vous avez reçus tant de ce prince que de ses ancêtres. Disons seulement qu'il y a trois ans, dans une disette générale, il nous envoya des grains en abondance et à si bas prix, qu'il resta quinze talents sur les fonds administrés par Callisthène. Eh bien! Athéniens, un prince qui s'est conduit ainsi envers vous, que fera-t-il, dites-moi, s'il apprend que, par une loi, vous lui enlevez son immunité, et que vous avez décrété que, même repentants, vous ne pourriez la lui

ναι¹; Ἆρ᾽ ἀγνοεῖτε, ὅτι αὐτὸς νόμος οὗτος ἐκεῖνόν τε ἀφαιρήσεται τὴν ἀτέλειαν, κύριος ἂν γένηται, καὶ ὑμῶν τοὺς παρ᾽ ἐκείνου σιτηγοῦντας²; οὐ γὰρ δήπου τοῦτό γε ὑπείληφεν οὐδείς, ὡς ἐκεῖνος ὑπομενεῖ, ἑαυτῷ μὲν ἀκύρους εἶναι τὰς παρ᾽ ὑμῶν δωρεάς, ὑμῖν δὲ μένειν τὰς παρ᾽ ἑαυτοῦ. Οὐκοῦν πρὸς πολλοῖς, οἷς ἂν ὁ νόμος βλάψειν ὑμᾶς φαίνεται, καὶ προσαφαιρεῖταί τι τῶν ὑπαρχόντων ἤδη. Εἶθ᾽ ὑμεῖς ἔτι σκοπεῖτε, εἰ χρὴ τοῦτον ἐξαλεῖψαι, καὶ οὐ πάλαι βεβούλευσθε³; Ἀνάγνωθι λαβὼν αὐτοῖς τὰ ψηφίσματα, τὰ περὶ τοῦ Λεύκωνος.

(ΨΗΦΙΣΜΑΤΑ.)

Ὡς μὲν εἰκότως καὶ δικαίως τετύχηκε τῆς παρ᾽ ὑμῶν ἀτελείας ὁ Λεύκων, ἀκηκόατε ἐκ τῶν ψηφισμάτων, ὦ ἄνδρες δικασταί. Τούτων δ᾽ ἁπάντων στήλας ἀντιγράφους ἐστήσασθ᾽ ὑμεῖς τε κἀκεῖνος· τὴν μὲν ἐν Βοσπόρῳ, τὴν δ᾽ ἐν Πειραιεῖ, τὴν δ᾽ ἐφ᾽ Ἱερῷ⁴. Σκοπεῖτε δὴ πρὸς ὅσης κακίας ὑπερβολὴν ὑμᾶς ὁ νόμος προάγει, ὃς ἀπιστότερον τὸν δῆμον καθίστησιν ἑνὸς ἀνδρός. Μὴ γὰρ οἴεσθε ἡμῖν ἄλλο τι τὰς στήλας ἑστάναι ταύτας, ἢ τούτων ἁπάντων, ὧν ἔχετε, ἢ δεδώκατε, συνθήκας· αἷς ὁ μὲν Λεύκων ἐμμένων φανεῖται, καὶ ποιεῖν ἀεί τι προθυμούμενος ὑμᾶς εὖ, ὑμεῖς δ᾽ ἑστώσας ἀκύρους ἔσεσθε πεποιηκότες· ὃ πολὺ δεινότερον τοῦ καθελεῖν ἐστίν. Αὗται γὰρ οὑτωσὶ τοῖς βουλομένοις κατὰ τῆς πόλεως βλασφημεῖν τεκμήριον, ὡς ἀληθῆ λέγουσιν, ἐστήξουσιν. Φέρ᾽ ἂν δὲ δὴ πέμψας ὡς ἡμᾶς Λεύκων, ἐρωτᾷ, τί ἔχοντες ἐγκαλέσαι, καὶ τί μεμφόμενοι, τὴν ἀτέλειαν αὐτὸν ἀφήρησθε⁵· τί πρὸς θεῶν ἐροῦμεν; ἢ τί γράψει τότε ὁ τὸ ψήφισμα ὑπὲρ ὑμῶν γράφων⁶; « Ὅτι νὴ Δία ἦσάν τινες τῶν εὑρημένων ἀνάξιοι. » Ἐὰν οὖν εἴπῃ πρὸς ταῦτα ἐκεῖνος· « Καὶ γὰρ Ἀθηναίων τινές εἰσι φαῦλοι ἴσως, καὶ οὐ διὰ ταῦτ᾽ ἐγὼ τοὺς χρηστοὺς ἀφειλόμην, ἀλλά, τὸν δῆμον νομίζων χρηστόν, πάντας ἔχειν ἐῶ· » οὐ δικαιότερ᾽ ἡμῶν ἐρεῖ; ἔμοιγ᾽ οὖν δοκεῖ. Παρὰ πᾶσι γὰρ ἀνθρώποις μᾶλλόν ἐστιν ἔθος, διὰ τοὺς εὐεργέτας, καὶ ἄλλους τινὰς εὖ ποιεῖν τῶν μὴ χρηστῶν, ἤ, διὰ τοὺς φαύλους, τοὺς ὁμολογουμένως ἀξίους χά-

rendre? Ignorez-vous qu'en privant Leucon de son privilége, cette même loi, définitivement exécutoire, frappera aussi vos pourvoyeurs de grains? Certes, personne ne s'est imaginé qu'il endurera la révocation de vos libéralités sans vous retirer aussi les siennes. Ainsi, outre les nombreux préjudices dont la loi nous menace, elle nous ravit dès aujourd'hui une partie de nos ressources. Et vous délibérez encore si vous l'effacerez! et ce n'est pas un parti pris depuis long-temps!— Prends et lis les décrets qui concernent Leucon.

(DÉCRETS.)

Vous avez entendu les décrets, ô Juges! Il était donc convenable et juste de donner à Leucon ses dispenses. D'accord avec lui, vous avez érigé des colonnes où sont inscrites vos mutuelles concessions, une au Bosphore, l'autre au Pirée, et la troisième au Temple. Or, sondez l'abîme d'infamie où vous pousse une loi qui rend tout un peuple plus perfide qu'un seul prince! Que sont ces colonnes élevées par vous? le contrat de nos exemptions réciproques. On y lira donc la fidélité de Leucon à ses engagements, son zèle constant à vous combler de biens; tandis que vous, vous aurez frappé d'impuissance ces gages encore subsistants. Ah! détruisez-les! cela sera bien moins inconséquent. Debout, ces colonnes seront un vivant témoignage en faveur de quiconque voudra insulter Athènes. Eh! si Leucon nous envoie demander sur quelle accusation, sur quelle plainte vous lui avez retiré son privilége, par les dieux! que dirons-nous? qu'écrira le citoyen chargé de rédiger votre réponse? « Eh bien! il objectera l'indignité de quelques privilégiés. » Et si le prince réplique : « Il est peut-être aussi quelques méchants parmi les Athéniens; mais moi, loin de dépouiller les bons à cause d'eux, je les laisse jouir tous, parce que je crois le peuple bon; » son langage ne sera-t-il pas plus juste que le nôtre? Je le pense, moi. Car il est plus ordinaire parmi les hommes de faire du bien en faveur de qui nous en fait, même à ceux qui ne sont pas bons, que de compter les indignes pour arracher

ριτος τὰ δοθέντα ἀφαιρεῖσθαι. Καὶ μὴν οὐδ᾽, ὅπως οὐκ ἀντι-
δώσει[1] τῷ Λεύκωνί τις, ἐὰν βούληται, δύναμαι σκοπούμενος
εὑρεῖν. Χρήματα μὲν γάρ ἐστιν ἀεὶ παρ᾽ ὑμῖν αὐτοῦ· κατὰ δὲ
τὸν νόμον τοῦτον, ἐάν τις ἐπ᾽ αὐτὰ ἔλθῃ, ἢ στερήσεται τούτων,
ἢ λειτουργεῖν ἀναγκασθήσεται. Ἔστι δ᾽ οὐ τὸ τῆς δαπάνης
μέγιστον ἐκείνῳ, ἀλλ᾽ ὅτι τὴν δωρεὰν ὑμᾶς αὐτὸν ἀφῃρῆσθαι
νομιεῖ.

Οὐ τοίνυν, ὦ ἄνδρες Ἀθηναῖοι, μὴ Λεύκων ἀδικηθῇ, μόνον
δεῖ σκοπεῖν, ᾧ φιλοτιμίας ἕνεκα ἡ περὶ τῆς δωρεᾶς σπουδὴ
γένοιτ᾽ ἄν, οὐ χρείας· ἀλλὰ καὶ εἴ τις ἄλλος εὖ μὲν ἐποίησεν
ὑμᾶς εὖ πράττων, εἰς δέον δὲ νῦν γέγονεν αὐτῷ τὸ παρ᾽ ὑμῶν
λαβεῖν τότε τὴν ἀτέλειαν[2]. Τίς οὖν οὗτός ἐστιν; Ἐπικέρδης ὁ
Κυρηναῖος, ὅς, εἴπερ τις ἄλλος τῶν εἰληφότων, δικαίως ἠξιώθη
ταύτης τῆς τιμῆς· οὐ τῷ μεγάλα ἢ θαυμάσια ἡλίκα δοῦναι, ἀλλὰ
τῷ παρὰ τοιοῦτον καιρόν, ἐν ᾧ καὶ τῶν εὖ πεπονθότων ἔργον ἦν
εὑρεῖν ἐθέλοντά τινα, ὧν εὐεργέτητο, μεμνῆσθαι. Οὗτος γὰρ
ἀνήρ, ὡς τὸ ψήφισμα τοῦτο δηλοῖ τὸ τότε αὐτῷ γραφέν, τοῖς
ἁλοῦσι τότε ἐν Σικελίᾳ τῶν πολιτῶν, ἐν τοιαύτῃ συμφορᾷ κα-
θεστηκόσιν, ἔδωκε μνᾶς ἑκατόν[3]· καὶ τοῦ μὴ τῷ λιμῷ πάντας αὐτοὺς ἀποθανεῖν αἰτιώτατος ἐγένετο. Καὶ μετὰ ταῦτα, δοθείσης
ἀτελείας αὐτῷ διὰ ταῦτα παρ᾽ ὑμῶν, ὁρῶν ἐν τῷ πολέμῳ, τῷ
πρὸ τῶν Τριάκοντα μικρόν, σπανίζοντα τὸν δῆμον χρημάτων,
τάλαντον ἔδωκεν αὐτὸς ἐπαγγειλάμενος[4]. Σκέψασθε δή, πρὸς
Διὸς καὶ θεῶν, ἄνδρες Ἀθηναῖοι, πῶς ἂν ἄνθρωπος μᾶλλον φα-
νερὸς γένοιτο εὔνους ὢν ὑμῖν, ἢ πῶς ἧττον ἄξιος ἀδικηθῆναι, ἢ
πρῶτον μὲν εἰ, παρὼν τῷ τῆς πόλεως ἀτυχήματι, μᾶλλον ἕλοιτο
τοὺς ἀτυχοῦντας καὶ τὴν παρὰ τούτων χάριν, ἥτις ποτ᾽ ἔμελλεν
ἔσεσθαι, ἢ τοὺς ἐν ἐκείνῳ τῷ χρόνῳ κεκρατηκότας, καὶ παρ᾽ οἷς
ἦν[5]· δεύτερον δ᾽, ἑτέραν χρείαν ἰδών, εἰ φαίνοιτο διδούς, καὶ μή,
ὅπως ἰδίᾳ τὰ ὄντα σώσει, προνοούμενος, ἀλλ᾽ ὅπως τῶν ὑμετέρων
μηδὲν ἐνδεῶς ἕξει, τὸ καθ᾽ αὑτόν; Τοῦτον μέντοι, τὸν τῷ μὲν
ἔργῳ παρὰ τοὺς μεγίστους καιροὺς οὑτωσὶ κοινὰ τὰ ὄντα τῷ δήμῳ
κεκτημένον, τῷ δὲ ῥήματι καὶ τῇ τιμῇ τὴν ἀτέλειαν ἔχοντα,

nos dons à ceux qui les méritent incontestablement. D'ailleurs je ne puis concevoir comment le citoyen qui le voudra n'imposera pas l'échange de fortune à Leucon. Il a toujours des propriétés dans l'Attique ; et si, en conséquence de votre loi, on en prend possession, ou il les perdra, ou il sera forcé de subir les charges. Et ce qui l'affectera le plus, ce n'est point la dépense ; ce sera de se voir retirer vos dons.

Mais ce n'est pas assez, ô Athéniens! de n'être pas injustes envers Leucon, qui serait jaloux de conserver vos libéralités comme un honneur, non comme un besoin : songez encore à un particulier riche autrefois et vous servant bien, mais réduit maintenant à profiter de l'exemption qu'alors il reçut de vous. Quel est-il ? Épicerde de Cyrène. Si jamais privilégié mérita cet honneur, c'est bien lui, moins toutefois pour la grandeur et l'éclat de ses services, que pour les avoir rendus dans une conjoncture où il était difficile de rencontrer un seul homme fidèle au souvenir des bienfaits reçus. Cet homme généreux, comme l'atteste ce décret porté en sa faveur, distribua, dans ces temps malheureux, cent mines à nos concitoyens prisonniers en Sicile ; et, s'ils ne moururent pas tous de faim, c'est à lui surtout qu'on le doit. Après ce bienfait, auquel vous répondîtes par des priviléges, voyant que le peuple manquait d'argent dans la guerre que suivit de près la domination des Trente, il se hâta de lui faire présent d'un talent. Or, cherchez, au nom de tous les immortels, ô Athéniens, si un homme peut mieux manifester son zèle pour vous, peut moins mériter vos rigueurs, qu'en préférant, témoin des malheurs d'Athènes, les malheureux mêmes et leur reconnaissance purement éventuelle, à leurs ennemis vainqueurs dont il est entouré ; qu'en vous faisant de nouvelles largesses dès qu'il a vu votre nouvelle misère, moins occupé de sauver sa propre fortune que de subvenir, autant qu'il est en lui, à tous vos besoins! Eh bien! à celui qui réellement, dans les circonstances les plus graves, partagea ainsi son patrimoine avec le peuple, et qui ne reçut qu'une immunité nominale et honorifique, ôterez-vous son privilége ? Non, car il est constant

οὐχὶ τὴν ἀτέλειαν ἀφαιρήσεσθε (οὐδὲ γὰρ οὔσῃ χρώμενος φαίνεται[1]), ἀλλὰ τὸ πιστεύειν ὑμῖν· οὗ τί γένοιτ' ἂν αἴσχιον; Τὸ
τοίνυν ψήφισμα ὑμῖν αὐτὸ ἀναγνώσεται, τὸ τότε ψηφισθὲν τῷ
ἀνδρί. Καὶ θεωρεῖτε, ὦ ἄνδρες Ἀθηναῖοι, ὅσα ψηφίσματα ἄκυρα
ποιεῖ ὁ νόμος, καὶ ὅσους ἀνθρώπους ἀδικεῖ, καὶ ἐν ὁποίοις καιροῖς
χρησίμους ὑμῖν παρασχόντας ἑαυτούς· εὑρήσετε γὰρ τούτους, οὓς
ἥκιστα προσῆκεν, ἀδικοῦντα. Λέγε.

(ΨΗΦΙΣΜΑ.)

Τὰς μὲν εὐεργεσίας, ἀνθ' ὧν εὕρετο τὴν ἀτέλειαν ὁ Ἐπικέρδης, ἀκηκόατε ἐκ τῶν ψηφισμάτων, ὦ ἄνδρες δικασταί. Σκοπεῖτε δὲ μὴ τοῦτο[2], εἰ μνᾶς ἑκατὸν καὶ πάλιν τάλαντον ἔδωκεν
(οὐδὲ γὰρ τοὺς λαβόντας ἔγωγε ἡγοῦμαι τὸ πλῆθος τῶν χρημάτων θαυμάσαι)· ἀλλὰ τὴν προθυμίαν, καὶ τὸ αὐτὸν ἐπαγγειλά-
μενον ποιεῖν, καὶ τοὺς καιρούς, ἐν οἷς. Πάντες μὲν γάρ εἰσιν
ἴσως ἄξιοι χάριν ἀνταπολαμβάνειν οἱ προϋπάρχοντες τοῦ ποιεῖν
εὖ[3]· μάλιστα δ' οἱ παρὰ τὰς χρείας· ὧν εἷς οὗτος ἀνὴρ ὢν φαίνεται. Εἶτ' οὐκ αἰσχυνόμεθα, ὦ ἄνδρες Ἀθηναῖοι, τοὺς τοῦ τοιούτου παῖδας, εἰ μηδεμίαν ποιησάμενοι τούτων μνείαν, ἀφῃρημένοι
φανούμεθα τὴν δωρεάν, μηδὲν ἔχοντες ἐγκαλέσαι; Οὐ γάρ, εἰ
ἕτεροι μὲν ἦσαν οἱ τότε σωθέντες ὑπ' αὐτοῦ καὶ δόντες τὴν ἀτέλειαν, ἕτεροι δ' ὑμεῖς, οἱ νῦν ἀφαιρούμενοι, ἀπολύει τοῦτο τὴν
αἰσχύνην· ἀλλ' αὐτὸ δὴ τοῦτο καὶ τὸ δεινόν ἐστιν[4]· εἰ γὰρ οἱ μὲν
εἰδότες καὶ παθόντες, ἄξια τούτων ἐνόμιζον εὖ πάσχειν, ἡμεῖς
δ' οἱ λόγῳ ταῦτ' ἀκούοντες, ὡς ἀναξίων ἀφαιρησόμεθα, πῶς οὐχ
ὑπέρδεινον ποιήσομεν;

Ὁ αὐτὸς τοίνυν ἐστί μοι λόγος οὗτος καὶ περὶ τῶν τοὺς Τε-
τρακοσίους[5] καταλυσάντων, καὶ περὶ τῶν, ὅτ' ἔφευγεν ὁ δῆμος,
χρησίμους αὑτοὺς παρασχόντων. Πάντας γὰρ αὑτοὺς δεινότατ'
ἂν ἡγοῦμαι παθεῖν, εἴ τι τῶν τότε ψηφισθέντων αὐτοῖς λυθείη.
Εἰ τοίνυν τις ὑμῶν ἐκεῖνο πέπεισται, πολὺ τοῦ δεηθῆναί τινος
τοιούτου νῦν ἀπέχειν τὴν πόλιν, ταῦτα μὲν εὐχέσθω τοῖς θεοῖς,
κἀγὼ συνεύχομαι· λογιζέσθω δέ, πρῶτον μέν, ὅτι περὶ νόμου

qu'il n'en a point usé. Vous n'ôterez que la foi en vous; et ne serait-ce pas la plus grande ignominie? On va vous lire le texte du décret voté alors en l'honneur d'Épicerde. Considérez, ô mes concitoyens! quelles décisions sont cassées par la loi, quels hommes frappe son injustice, dans quels moments ils se sont faits vos serviteurs; et vous reconnaîtrez qu'elle dépouille ceux qu'elle devrait le plus ménager. — Lis.

(DÉCRET.)

Les bienfaits en échange desquels Épicerde obtint l'immunité, voilà, juges, ce que le décret vous a fait entendre. Songez, non aux cent mines, non au talent, donnés en deux fois (car ceux mêmes qui les reçurent n'admirèrent pas, je pense, la grandeur de la somme), mais à l'empressement, à la spontanéité, à la circonstance. Ils méritent tous d'être payés de retour, ceux qui nous préviennent par de bons offices; ils le méritent doublement, ceux qui accourent dans notre détresse. Or, dans ce nombre, vous avez vu cet homme généreux. Et, oubliant toutes ces considérations, nous ne rougirons pas, ô Athéniens, d'arracher, aux yeux de tous, une récompense aux enfants d'un tel bienfaiteur, nous qui ne pouvons rien leur reprocher! Autres, il est vrai, sont les citoyens qu'il sauva jadis, et dont il reçut ses exemptions, autres ceux qui les retirent aujourd'hui. Mais, loin d'effacer notre honte, c'est cela même qui nous déshonore. Quoi! les témoins, les objets de ces libéralités les auront crues dignes d'un privilége; et nous, parce qu'elles ne sont plus qu'historiques, nous supprimerons la récompense comme imméritée! Ce ne sera point là une effroyable injustice?

Je dis la même chose de ceux qui renversèrent les Quatre-Cents, et de ceux qui servirent la cause du peuple lors de sa retraite. Toucher aux décrets qui alors les récompensèrent, ce serait leur faire à tous la plus cruelle injure. Si vous croyez Athènes bien éloignée des misères de ces temps, demandez cependant aux dieux, avec moi, d'en prévenir le retour; mais considérez d'abord que vous allez prononcer sur une loi qui, maintenue, aura forcément son exécution; ensuite .

μέλλει φέρειν τὴν ψῆφον, ᾧ μὴ λυθέντι δεήσει χρῆσθαι, δεύτερον δέ, ὅτι βλάπτουσιν οἱ πονηροὶ νόμοι καὶ τὰς ἀσφαλῶς οἰκεῖν
οἰομένας πόλεις. Οὐ γὰρ ἂν μετέπιπτε τὰ πράγματα ἐπ᾽ ἀμφότερα[1], εἰ μὴ τοὺς μὲν ἐν κινδύνῳ καθεστηκότας καὶ πράξεις χρη-
σταί, καὶ νόμοι, καὶ ἄνδρες χρηστοί, καὶ πάντα ἐξητασμένα, ἐπὶ
τὸ βέλτιον προῆγε· τοὺς δὲ ἐν πάσῃ καθεστάναι δοκοῦντας εὐδαι-
μονίᾳ, πάντα ταῦτα ἀμελούμενα ὑπέρρει κατὰ μικρόν. Τῶν γὰρ
ἀνθρώπων οἱ πλεῖστοι κτῶνται μὲν τἀγαθὰ τῷ καλῶς βουλεύεσθαι
καὶ μηδενὸς καταφρονεῖν, φυλάττειν δὲ οὐκ ἐθέλουσι τοῖς αὐτοῖς
τούτοις. Ὃ μὴ πάθητε νῦν ὑμεῖς, μηδὲ οἴεσθε νόμον τοιοῦτον
θέσθαι δεῖν, ὃς καλῶς τε πράττουσαν τὴν πόλιν ὑμῶν πονηρᾶς
δόξης ἀναπλήσει, ἐάν τέ τι συμβῇ ποτέ, ἔρημον τῶν ἐθελησόντων
ἀγαθόν τι ποιεῖν αὐτὴν καταστήσει.

Οὐ τοίνυν μόνον, ὦ ἄνδρες Ἀθηναῖοι, τοὺς ἰδίᾳ γνόντας εὖ
ποιεῖν ὑμᾶς, καὶ παρασχόντας χρησίμους αὐτοὺς ἐπὶ τηλικούτων
καὶ τοιούτων καιρῶν, οἵων μικρῷ πρότερον Φορμίων διεξελή-
λυθε, κἀγὼ νῦν εἴρηκα, ἄξιόν ἐστιν εὐλαβηθῆναι ἀδικῆσαι· ἀλλὰ
καὶ πολλοὺς ἄλλους, οἳ πόλεις ὅλας, τὰς ἑαυτῶν πατρίδας, συμμάχους ὑμῖν ἐπὶ τοῦ πρὸς Λακεδαιμονίους πολέμου παρέσχον,
καὶ λέγοντες ἃ συμφέρει τῇ πόλει τῇ ὑμετέρᾳ, καὶ πράττοντες·
ὧν ἔνιοι διὰ τὴν πρὸς ὑμᾶς εὔνοιαν στέρονται τῆς πατρίδος. Ὧν
ἐπέρχεταί μοι πρώτους ἐξετάσαι τοὺς ἐκ Κορίνθου φυγόντας·
ἀναγκάζομαι δὲ λέγειν πρὸς ὑμᾶς ταῦθ᾽, ἃ παρ᾽ ὑμῶν τῶν πρε-
σβυτέρων αὐτὸς ἀκήκοα. Τὰ μὲν οὖν ἄλλα, ὅσα χρησίμους ὑμῖν
ἑαυτοὺς ἐκεῖνοι παρέσχον, ἐάσω· ἀλλ᾽, ὅθ᾽ ἡ μεγάλη μάχη πρὸς
Λακεδαιμονίους ἐγένετο, ἡ ἐν Κορίνθῳ[2], τῶν ἐν τῇ πόλει βου-
λευσαμένων μετὰ τὴν μάχην, μὴ δέχεσθαι τῷ τείχει τοὺς στρα-
τιώτας, ἀλλὰ πρὸς Λακεδαιμονίους ἐπικηρυκεύεσθαι, ὁρῶντες
ἠτυχηκυῖαν τὴν πόλιν, καὶ τῆς παρόδου κρατοῦντας Λακεδαιμονίους, οὐχὶ προὔδωκαν, οὐδ᾽ ἐβουλεύσαντο ἰδίᾳ περὶ τῆς αὑτῶν
σωτηρίας· ἀλλά, πλησίον ὄντων, μεθ᾽ ὅπλων, ἁπάντων Πελο-
ποννησίων, ἀνέῳξαν τὰς πύλας ἡμῖν βίᾳ τῶν πολλῶν, καὶ μᾶλλον εἵλοντο μεθ᾽ ὑμῶν τῶν τότε στρατευσαμένων, εἴ τι δέοι,

que les mauvaises lois minent les républiques mêmes qui se croient le plus inébranlables. Pourquoi tant de vicissitudes dans le sort des peuples? N'est-ce point parce que, dans la détresse, sage politique, bonnes lois, concours des plus honnêtes gens, étude de toutes les améliorations, les relèvent; et que dans la prospérité, en apparence la plus stable, la négligence de toutes ces ressources sape lentement les États? C'est par la prudence dans le conseil, par une circonspection vigilante, qu'on parvient à une brillante fortune; et, pour s'y maintenir, on ne voudra pas suivre les mêmes voies! Loin de vous aujourd'hui cette erreur! Craignez de sanctionner une loi funeste : heureuse, Athènes en serait flétrie; malheureuse, elle resterait vide de défenseurs.

Mais ce n'est pas seulement, ô Athéniens, envers ceux qui ont résolu de vous faire du bien en leur nom, et vous ont personnellement obligés dans les graves circonstances énumérées tout à l'heure par Phormion et rappelées ici par moi, qu'il faut se faire scrupule d'une injustice; c'est encore envers une foule d'autres qui, dans la guerre contre Lacédémone, vous procurèrent l'alliance de cités entières, leurs patries, qui servirent Athènes de leur parole et de leurs bras, et dont quelques-uns voient leur dévouement à votre cause payé de l'exil. Les premiers qui se présentent à cette revue sont les bannis de Corinthe, et ici je suis forcé de rapporter des faits que j'ai appris de nos vieillards. Passons sur tant d'autres services que ces hommes vous ont rendus. Après la grande bataille contre les Lacédémoniens, près de Corinthe, les habitants de cette ville décidèrent de fermer leurs portes à nos soldats, et de parlementer avec les vainqueurs; mais nos amis, qui voyaient Athènes malheureuse et les Spartiates maîtres des passages, ne nous abandonnèrent pas, et ne prirent point conseil de leur sûreté personnelle. Sous les yeux de tous les Péloponésiens armés, ils nous ouvrirent les portes malgré la multitude, préférèrent s'exposer à tout souffrir avec vos soldats, plutôt que de

πάσχειν, ἢ χωρὶς ὑμῶν ἀκινδύνως σεσῶσθαι, καὶ εἰςέφρουν τὸ
στράτευμα, καὶ διέσωσαν καὶ ὑμᾶς καὶ τοὺς συμμάχους. Ἐπειδὴ
δὲ πρὸς Λακεδαιμονίους εἰρήνη μετὰ ταῦτ' ἐγένετο, ἡ ἐπὶ Ἀν-
ταλκίδου[1], ἀντὶ τῶν ἔργων τούτων ὑπὸ Λακεδαιμονίων ἐξέπεσον.
Ὑποδεξάμενοι δ' ὑμεῖς αὐτούς, ἐποιήσατ' ἔργον ἀνθρώπων καλῶν
κἀγαθῶν. Ἐψηφίσασθε γὰρ αὐτοῖς ἅπανθ' ὧν ἐδέοντο. Εἶτα ταῦτα
νῦν εἰ χρὴ κύρια εἶναι, σκοποῦμεν; Ἀλλ' ὁ λόγος πρῶτον αἰσχρὸς
τοῖς σκοπουμένοις, εἴ τις ἀκούσειεν, ὡς Ἀθηναῖοι σκοποῦσιν, εἰ
χρὴ τοὺς εὐεργέτας ἐᾶν τὰ δοθέντα ἔχειν. Πάλαι γὰρ ἐσκέφθαι
ταῦτα καὶ ἐγνῶσθαι προςῆκεν. Ἀνάγνωθι καὶ τοῦτο τὸ ψήφισμα
αὐτοῖς.

(ΨΗΦΙΣΜΑ.)

Ἃ μὲν ἐψηφίσασθε τοῖς φεύγουσι δι' ὑμᾶς Κορινθίων, ταῦτ'
ἐστίν, ὦ ἄνδρες δικασταί. Ὁρᾶτε δ', εἴ τις ἐκείνους τοὺς καιροὺς
ἰδών, ἢ παρών, ἤ τινος εἰδότος καὶ διεξιόντος ἀκούσας, ἀκούσαι
τοῦ νόμου τούτου τὰς τότε δωρεὰς δοθείσας ἀφαιρουμένου, ὅσην
ἂν κακίαν τῶν θεμένων τὸν νόμον καταγνοίη· οἳ παρὰ μὲν τὰς
χρείας οὕτω φιλάνθρωποι καὶ πάντα ποιοῦντες, ἐπειδὴ δ' ἐπρά-
ξαμεν πάνθ' ὅσ' ἂν εὐξαίμεθα, οὕτως ἀχάριστοι καὶ κακοὶ φανησόμεθα[2], ὥστε τούς τε ἔχοντας ἀφῃρήμεθα, καὶ τὸ λοιπὸν
μηδενὶ δοῦναι ταῦτ' ἐξεῖναι νόμον τεθείκαμεν. « Νὴ Δία, ἀνάξιοι
γάρ τινες τῶν εὑρημένων ταῦτ' ἦσαν· » τουτὶ γὰρ παρὰ πάντ'
ἔσται τὸν λόγον αὐτοῖς. Ἔπειτ' ἐκεῖνο ἀγνοεῖν φήσομεν, ὅτι
τὴν ἀξίαν, ὅταν διδῶμεν, δεῖ σκοπεῖν, οὐ μετὰ ταῦτ' ὕστερον
χρόνῳ παμπληθεῖ; Τὸ μὲν γὰρ ἐξ ἀρχῆς τι μὴ δοῦναι, γνώμῃ
χρησαμένων ἔργον ἀνθρώπων ἐστί· τὸ δὲ τοὺς ἔχοντας ἀφαιρεῖσθαι, φθονούντων. Τοῦτο δ' οὐχὶ δεῖ δοκεῖν ὑμᾶς πεπονθέναι.
Καὶ μὴν οὐδ' ἐκεῖνο ὀκνήσω περὶ τῆς ἀξίας αὐτῆς πρὸς ὑμᾶς
εἰπεῖν· Ἐγὼ γὰρ οὐ τὸν αὐτὸν τρόπον νομίζω πόλει τὸν ἄξιον
ἐξεταστέον εἶναι, καὶ ἰδιώτῃ· οὐδὲ γὰρ περὶ τῶν αὐτῶν ἡ σκέψις.
Ἰδίᾳ μὲν γὰρ ἕκαστος ἡμῶν σκοπεῖ, τίς ἄξιός ἐστιν ἑκάστου κη-
δεστής, ἢ τῶν τοιούτων τι γίγνεσθαι· ταῦτα δὲ καὶ νόμοις τισὶ

sortir de péril sans eux, introduisirent l'armée, et sauvèrent à la fois vous et vos alliés. Plus tard, après la paix d'Antalcidas, Sparte les punit par le bannissement : vous les accueillites, vous ; et, satisfaisant à l'honneur, vous ordonnâtes qu'il serait pourvu à tous leurs besoins. Voilà donc le décret sur le maintien duquel nous délibérons ! Mais quelle honte rejaillirait sur ces débats mêmes, si l'on disait : Les Athéniens se demandent s'ils laisseront à leurs bienfaiteurs les récompenses qu'ils leur ont données ! Ici, depuis longtemps, examen et décision devraient être terminés. — Lis-leur aussi ce décret.

(DÉCRET.)

Ce que vous avez arrêté en faveur des Corinthiens exilés à cause de vous, ô juges, le voilà. Songez-y : en considérant ces faits, quiconque les a vus ou les a connus par le récit d'un témoin, s'il entendait parler d'une loi qui révoque les grâces accordées alors, quelle flétrissure n'imprimerait-il pas à ses ingrats auteurs ? Quoi ! le besoin nous rendra généreux, empressés ; et, le besoin passé, nous nous montrerons assez peu reconnaissants, assez perfides pour arracher ce qu'on tient de nous, pour rendre par une loi de nouvelles récompenses impossibles à l'avenir ! « Mais aussi, par Jupiter ! il y avait dans le nombre d'indignes privilégiés ; » car telle sera leur réponse à tous nos arguments. Ignorons-nous donc que c'est au moment de donner qu'il faut examiner si l'on est digne, et non pas longtemps après ? Refuser une grâce dès le principe, c'est parfois prudence ; la retirer quand elle est accordée, c'est envie : passion dont les Athéniens doivent repousser même l'apparence. Quant à l'examen de la dignité, j'ajoute, sans hésiter : Un État et un particulier ne doivent pas y procéder de même, parce que les positions sont différentes. Comme particulier, chacun de nous se demande quel est l'homme digne de son alliance, de son amitié : la loi, l'opinion en décident.

καὶ δόξαις διώρισται· κοινῇ δ' ἡ πόλις καὶ ὁ δῆμος, ὅστις ἂν
αὐτὸν εὖ ποιῇ καὶ σώζῃ· τοῦτο δ' οὐ γένει καὶ δόξῃ κρινόμενον
ἴδοι τις ἄν, ἀλλ' ἔργῳ. Ὅταν μὲν οὖν εὖ πάσχειν δέῃ, τὸν
βουλόμενον εὖ ποιεῖν ἡμᾶς ἐάσομεν· ἐπειδὰν δ' εὖ πάθωμεν,
τότε τὴν ἀξίαν τοῦ ποιήσαντος σκεψόμεθα; οὐκ ἄρ' ὀρθῶς βου-
λευσόμεθα.

Ἀλλά, νὴ Δί', οὗτοι μόνοι τοῦτο πείσονται, καὶ περὶ τούτων
μόνων ποιοῦμαι λόγον τοσοῦτον. Πολλοῦ γε καὶ δέω. Ἀλλὰ πάντας μὲν οὐδ' ἂν ἐγχειρήσαιμι ἐξετάζειν, ὅσοι πεποιηκότες ὑμᾶς
εὖ, διὰ τὸν νόμον, εἰ μὴ λυθήσεται, τὰ δοθέντα ἀφαιρεθήσονται·
ἓν δὲ ἢ δύο δείξας ἔτι ψηφίσματα, ἀπαλλάττομαι τοῦ περὶ τούτων
λέγειν.

Τοῦτο μὲν τοίνυν, Θασίους, τοὺς μετ' Ἐκφάντου[1], πῶς οὐκ
ἀδικήσετε, ἐὰν ἀφέλησθε τὴν ἀτέλειαν; οἱ παραδόντες ὑμῖν
Θάσον, καὶ τὴν Λακεδαιμονίων φρουρὰν μεθ' ὅπλων ἐκβαλόν-
τες, καὶ Θρασύβουλον εἰσαγαγόντες, καὶ παρασχόντες φίλην
ὑμῖν τὴν ἑαυτῶν πατρίδα, αἴτιοι τοῦ γενέσθαι σύμμαχον τὸν
περὶ Θρᾴκην τόπον ὑμῖν ἐγένοντο· τοῦτο δ', Ἀρχέβιον καὶ Ἡρα-
κλείδην; οἱ Βυζάντιον παραδόντες Θρασυβούλῳ, κυρίους ὑμᾶς
ἐποίησαν τοῦ Ἑλλησπόντου, ὥστε τὴν δεκάτην ἀποδόσθαι, καί,
χρημάτων εὐπορήσαντας, Λακεδαιμονίους ἀναγκάσαι τοιαύτην,
οἵαν ὑμῖν ἐδόκει, ποιήσασθαι τὴν εἰρήνην. Ὧν, ὦ ἄνδρες Ἀθηναῖοι, μετὰ ταῦτα ἐκπεσόντων, ἐψηφίσασθε ἅπερ, οἶμαι, φεύ-
γουσιν εὐεργέταις δι' ὑμᾶς προσῆκε, προξενίαν[2], εὐεργεσίαν,
ἀτέλειαν ἁπάντων. Εἶτα τοὺς δι' ὑμᾶς φεύγοντας, καὶ δικαίως τι
παρ' ὑμῶν εὑρομένους, ἐάσωμεν ἀφαιρεθῆναι τὰ δοθέντα, μηδὲν
ἔχοντες ἐγκαλέσαι; ἀλλ' αἰσχρὸν ἂν εἴη.

Μάθοιτε δὲ τοῦτο μάλιστ' ἄν, ἐκείνως εἰ λογίσαισθε πρὸς
ὑμᾶς αὐτούς. Εἴ τινες τῶν νυνὶ ἐχόντων Πύδναν, ἢ Ποτίδαιαν[3],
ἤ τι τῶν ἄλλων χωρίων, ἃ Φιλίππῳ μέν ἐστιν ὑπήκοα, ὑμῖν
δ' ἐχθρά, τὸν αὐτὸν τρόπον, ὅνπερ ἡ Θάσος ἦν τότε καὶ τὸ Βυζάντιον, Λακεδαιμονίοις μὲν οἰκεῖα, ὑμῖν δὲ ἀλλότρια, παρα-
δώσειν ταῦτ' ἐπαγγείλαιντο, ἂν αὐτοῖς τὰς αὐτὰς δῶτε δωρεάς,

Mais une cité, une nation récompense quiconque la sert et la sauve ; elle se détermine, non par la naissance, non par la réputation, mais d'après le fait. Quoi donc ! dans la détresse, nous nous laisserons faire du bien par quiconque s'offrira ; et, le service reçu, nous interrogerons notre bienfaiteur sur ses titres ! O l'équitable examen !

Mais, par les dieux ! ces hommes sont-ils seuls sous le coup de votre loi ? Est-ce pour eux uniquement que je développe ces réflexions ? Non, tant s'en faut. Toutefois, je n'entreprendrai pas de rechercher tous ceux qui, après vous avoir obligés, se verraient enlever vos dons par le maintien de la loi ; je ne citerai plus qu'un ou deux décrets, puis je passe à d'autres considérations.

Par la suppression des immunités, ne serez-vous pas injustes envers les Thasiens du parti d'Ecphante, qui, vous livrant Thasos, où ils introduisirent Thrasybule après en avoir chassé à main armée la garnison lacédémonienne, vous procurèrent, avec l'amitié de leur patrie, l'alliance des contrées voisines de la Thrace ? Ne serez-vous pas injustes envers Archébios, envers Héraclide, qui, en ouvrant à Thrasybule les portes de Byzance, vous rendirent tellement maîtres de l'Hellespont, qu'après avoir relevé vos finances par la vente des dîmes navales, vous dictâtes à Lacédémone les conditions de la paix ? Chassés plus tard de leur patrie, ils obtinrent de vous par un décret, ô Athéniens, la récompense due à des hommes bannis pour vous avoir servis : ils reçurent les titres d'hôtes et de bienfaiteurs d'Athènes, avec une immunité générale. Et ceux dont vous avez causé l'exil, ceux que vous avez honorés de faveurs si bien méritées, nous permettrons qu'on les en dépouille, eux toujours irréprochables envers nous ! Quelle honte !

Vous me comprendrez parfaitement si vous faites cette supposition. Plusieurs chefs actuels de Pydna, de Potidée, ou de quelque autre place soumise à Philippe, et devenue notre ennemie, comme l'étaient Thasos et Byzance quand elles obéissaient à Sparte, s'engagent à vous livrer leurs villes, à condition que vous leur accorderez les

ἅςπερ Ἐκφάντῳ τῷ Θασίῳ, καὶ Ἀρχεβίῳ τῷ Βυζαντίῳ· καί
τινες τούτων ἀντιλέγοιεν αὐτοῖς, ταῦτα λέγοντες· «ὡς δεινόν, εἴ
τινες μόνοι τῶν ἄλλων μετοίκων μὴ χορηγοῖεν·» πῶς ποτ' ἂν
ἔχοιτε πρὸς τοὺς ταῦτα λέγοντας; ἢ δῆλον ὅτι φωνὴν οὐκ ἀνά-
σχοισθε, ὡς συκοφαντούντων; Οὐκοῦν αἰσχρόν, εἰ μέλλοντες
μὲν εὖ πάσχειν, συκοφάντην ἂν τὸν ταῦτα λέγοντα ἡγοῖσθε· ἐπὶ
τῷ δ' ἀφελέσθαι τὰς τῶν προτέρων εὐεργετῶν δωρεάς, ταῦτα
λεγόντων ἀκούσεσθε. Φέρε δή, κἀκεῖνο ἐξετάσωμεν. Οἱ προδόν-
τες τὴν Πύδναν, καὶ Ποτίδαιαν, καὶ τἆλλα χωρία τῷ Φιλίππῳ,
τῷ ποτ' ἐπαρθέντες ἡμᾶς ἠδίκουν; ἢ πᾶσι πρόδηλον τοῦτο, ὅτι
ταῖς παρ' ἐκείνου δωρεαῖς, ἃς διὰ ταῦτα ἔσεσθαι σφίσιν ἡγοῦντο;
Πότερον οὖν μᾶλλον ἔδει σε, ὦ Λεπτίνη, τοὺς ἐχθρούς, εἰ δύνα-
σαι, πεῖσαι, τοὺς ἐπὶ τοῖς πρὸς ἡμᾶς ἀδικήμασι γιγνομένους
ἐκείνων εὐεργέτας μὴ τιμᾷν, ἢ θεῖναι νόμον ἡμῖν, ὃς τῶν τοῖς
ἡμετέροις εὐεργέταις ὑπαρχουσῶν δωρεῶν ἀφαιρεῖταί τι; ἐγὼ
μὲν ἐκεῖν' οἴμαι. Ἀλλ', ἵνα μὴ πόρρω τοῦ παρόντος γένωμαι,
λαβὲ τὰ ψηφίσματα, ἃ τοῖς Θασίοις καὶ Βυζαντίοις ἐγράφη.
Λέγε.

(ΨΗΦΙΣΜΑΤΑ.)

Ἠκούσατε μὲν τῶν ψηφισμάτων, ὦ ἄνδρες δικασταί. Τούτων δὲ ἴσως ἔνιοι τῶν ἀνδρῶν οὐκ ἔτ' εἰσίν· ἀλλὰ τά γ' ἔργα τὰ
πραχθέντα ἐστίν, ἐπειδήπερ ἅπαξ ἐπράχθη. Προσήκει τοίνυν τὰς
στήλας ταύτας[1] κυρίας ἐᾷν τὸν πάντα χρόνον, ἵν', ἕως μὲν ἂν
τινες ζῶσι, μηδὲν ὑφ' ὑμῶν ἀδικῶνται· ἐπειδὰν δὲ τελευτήσωσιν,
ἐκεῖναι τοῦ τῆς πόλεως ἤθους μνημεῖον ὦσι, καὶ παραδείγματα
ἑστῶσι τοῖς βουλομένοις ὑμᾶς τι ποιεῖν ἀγαθόν, ὅτι τοὺς εὖ
ποιήσαντας ἡ πόλις ἀντευπεποίηκε. Καὶ μὴν μηδ' ἐκεῖνό γε
ὑμᾶς, ὦ ἄνδρες Ἀθηναῖοι, λανθανέτω, ὅτι τῶν αἰσχίστων ἐστί,
πάντας ἀνθρώπους ἰδεῖν καὶ ἀκοῦσαι τὰς μὲν συμφοράς, αἷς δι'
ὑμᾶς ἐχρήσαντο οἱ ἄνδρες οὗτοι, πάντα τὸν χρόνον κυρίας αὐτοῖς
γεγενημένας[2], τὰς δὲ δωρεάς, ἃς ἀντὶ τούτων ἔλαβον παρ' ὑμῶν,
καὶ δὴ λελυμένας. Πολὺ γὰρ μᾶλλον ἥρμοττε, τὰ δοθέντα ἐῶν-

mêmes priviléges qu'à Ecphante le Thasien, qu'au Byzantin Archébios; mais certaines gens s'y opposent, disant : « Nous ne souffrirons
pas que plusieurs métèques soient seuls dispensés des charges; »
comment accueillerez-vous ces discoureurs? sans doute vous leur
fermerez la bouche comme à des sycophantes. Eh bien! honte à
vous si, traitant de brouillon infâme le citoyen qui tiendrait ce langage quand vous attendez un service, vous prêtiez l'oreille à ceux
qui parlent d'arracher vos dons à vos anciens bienfaiteurs! Adres-
sons-nous encore une question. Ceux qui ont livré à Philippe Pydna,
Potidée et d'autres places, quel motif les poussait à nous nuire?
N'était-ce pas évidemment l'espoir des largesses du prince? Eh bien!
ne valait-il pas mieux, ô Leptine, persuader à nos ennemis, si tu
le pouvais, de méconnaître des services rendus à nos dépens, que de
nous apporter une loi qui enlève une seule récompense acquise à nos
généreux serviteurs? Telle est mon opinion. Mais ne nous écartons
pas de notre sujet. — Prends les décrets rédigés en faveur des citoyens de Thasos et de Byzance. Lis.

(DÉCRETS.)

Vous avez entendu les décrets, ô juges. Peut-être quelques-uns de
ces hommes généreux ne sont plus; mais, une fois rendus, les services subsistent toujours. Laissez donc à jamais ces colonnes sur
leurs bases. Par elles, tant que vivra un bienfaiteur d'Athènes, il
sera à l'abri de l'injustice; quand ils seront tous morts, vous aurez
un monument de votre générosité, qui dira hautement à quiconque
voudra vous servir, que la république a rendu bienfait pour bienfait.
Que cette autre considération, ô Athéniens, ne vous échappe pas :
ce serait un opprobre si toute la Grèce voyait et entendait dire que
les adversités éprouvées par ces braves gens à cause de vous pèse-
ront à jamais sur eux, tandis que leurs récompenses, à peine échap-
pées de vos mains, sont anéanties. Ah! il serait bien mieux d'adou-

τας, τῶν ἀτυχημάτων ἀφαιρεῖν, ἤ, τούτων μενόντων, τὰς δωρεὰς ἀφαιρεῖσθαι. Φέρε γάρ, πρὸς Διός, τίς ἐστιν ὅστις εὖ ποιεῖν
ὑμᾶς βουλήσεται, μέλλων, ἂν μὲν ἀποτύχῃ, παραχρῆμα δίκην
δώσειν τοῖς ἐχθροῖς, ἂν δὲ κατορθώσῃ, τὰς χάριτας παρ' ὑμῶν
ἀπίστους ἕξειν;

Πάνυ τοίνυν ἀχθοίμην ἄν, ὦ ἄνδρες δικασταί, εἰ τοῦτο μόνον
δόξαιμι δίκαιον κατηγορεῖν τοῦ νόμου, ὅτι πολλοὺς ξένους εὐεργ-
γέτας ἀφαιρεῖται τὴν ἀτέλειαν, τῶν δὲ πολιτῶν μηδένα ἄξιον
δοκοίην ἔχειν δεῖξαι τῶν εὑρημένων ταύτην τὴν τιμήν. Καὶ γὰρ
καὶ τἄλλ' ἀγαθὰ εὐξαίμην ἂν ἔγωγε παρ' ἡμῖν εἶναι πλεῖστα,
καὶ ἄνδρας ἀρίστους, καὶ πλείστους εὐεργέτας τῆς πόλεως πολίτας εἶναι[1]. Πρῶτον μὲν τοίνυν Κόνωνα σκοπεῖτε, εἰ ἄρα ἄξιον
καταμεμψαμένους ἢ τὸν ἄνδρα, ἢ τὰ πεπραγμένα αὐτῷ, ἄκυρόν
τι ποιῆσαι τῶν ἐκείνῳ δοθέντων. Οὗτος γὰρ ἀνήρ, ὡς ὑμῶν
τινων ἐστιν ἀκοῦσαι, τῶν κατὰ τὴν αὐτὴν ἡλικίαν ὄντων, μετὰ
τὴν τοῦ δήμου κάθοδον τὴν ἐκ τοῦ Πειραιῶς, ἀσθενοῦς ἡμῶν τῆς
πόλεως οὔσης, καὶ ναῦν οὐδεμίαν κεκτημένης, στρατηγῶν βα-
σιλεῖ, παρ' ὑμῶν οὐδ' ἡντινοῦν ἀφορμὴν λαβών, κατεναυμάχησε
Λακεδαιμονίους, καὶ τοὺς πρότερον τοῖς ἄλλοις ἐπιτάττοντας
εἴθισεν ἀκούειν ὑμῶν, καὶ τοὺς ἁρμοστὰς ἐξήλασεν ἐκ τῶν νήσων[2], καὶ μετὰ ταῦτα δεῦρ' ἐλθὼν ἀνέστησε τὰ τείχη· καὶ πρῶτος
πάλιν περὶ τῆς ἡγεμονίας ἐποίησε τῇ πόλει τὸν λόγον πρὸς Λακεδαιμονίους εἶναι. Καὶ γάρ τοι μόνῳ τῶν πάντων αὐτῷ τοῦτ'
ἐν τῇ στήλῃ γέγραπται· ΕΠΕΙΔΗ ΚΟΝΩΝ, φησίν, ΗΛΕΥ-
ΘΕΡΩΣΕ ΤΟΥΣ ΑΘΗΝΑΙΩΝ ΣΥΜΜΑΧΟΥΣ[3].... Ἔστι
δὲ τοῦτο τὸ γράμμα, ὦ ἄνδρες δικασταί, ἐκείνῳ μὲν φιλοτιμία
πρὸς ὑμᾶς αὐτούς, ὑμῖν δὲ πρὸς ἅπαντας τοὺς Ἕλληνας. Ὅτου
γὰρ ἄν τις παρ' ἡμῶν ἀγαθοῦ τοῖς ἄλλοις αἴτιος γένηται, τούτου
τὴν δόξαν τὸ τῆς πόλεως ὄνομα καρποῦται. Διόπερ οὐ μόνον
αὐτῷ τὴν ἀτέλειαν ἔδωκαν οἱ τότε, ἀλλὰ καὶ χαλκῆν εἰκόνα[4],
ὥσπερ Ἁρμοδίου καὶ Ἀριστογείτονος, ἔστησαν πρώτου. Ἡγοῦντο
γάρ, οὐ μικρὰν τυραννίδα καὶ τοῦτον, τὴν Λακεδαιμονίων ἀρχὴν
καταλύσαντα, πεπαυκέναι. Ἵν' οὖν μᾶλλον, οἷς λέγω, προσέχητε,

cir l'infortune par le maintien des grâces, que de les révoquer quand le malheur est encore là! D'ailleurs, placé entre la prompte vengeance de vos ennemis, s'il échoue, et des faveurs peu sûres de votre part, s'il réussit, qui voudra, au nom des dieux! servir votre cause?

Il me serait bien pénible, ô juges, de paraître n'attaquer cette loi spoliatrice qu'en faveur d'un grand nombre de bienfaiteurs étrangers, sans pouvoir nommer un seul Athénien honoré comme eux, et digne de l'être; car, dans mes vœux pour ma patrie, je lui souhaite, avant tout, de grands hommes; et, parmi ses premiers serviteurs, puisse notre cité compter surtout des citoyens! Jetez d'abord les yeux sur Conon: mérite-t-il que, blâmant ou sa personne ou sa conduite, vous révoquiez le moindre de ses priviléges? J'atteste les récits de plusieurs d'entre vous qui ont vécu de son temps. Après que le peuple fut revenu du Pirée, quoique la ville, épuisée, n'eût pas un seul vaisseau, ce grand homme, à la tête des troupes du roi de Perse, ne recevant de vous aucun secours, vainquit sur mer les Lacédémoniens, accoutuma ces fiers dominateurs de la Grèce à nous obéir, et chassa des îles leurs gouverneurs. De retour en ces lieux, il releva vos murs, et, le premier, remit en question l'empire entre Sparte et Athènes. Aussi est-il le seul pour qui l'on ait gravé ces mots sur une colonne: « A CONON, LIBÉRATEUR DES ALLIÉS D'ATHÈNES; » inscription qui l'honore auprès de vous et vous honore auprès de la Grèce entière. En effet, de tous les avantages qu'un Athénien procure aux autres peuples, c'est Athènes qui recueille la gloire. Voilà pourquoi, non contents d'accorder des immunités à ce général, ses contemporains lui érigèrent une statue de bronze, la première après celles d'Harmodius et d'Aristogiton. Ils estimaient qu'en détruisant la domination de Sparte, lui aussi avait mis fin à une accablante tyrannie. Mais, pour donner plus

τὰ ψηφίσματα ὑμῖν αὐτὰ ἀναγνώσεται, τὰ τότε ψηφισθέντα τῷ Κόνωνι. Λέγε.

(ΨΗΦΙΣΜΑΤΑ.)

Οὐ τοίνυν ὑφ' ὑμῶν μόνον ὁ Κόνων, ὦ ἄνδρες Ἀθηναῖοι, τότ' ἐτιμήθη, πράξας ἃ διεξῆλθον ἐγώ, ἀλλὰ καὶ ὑπ' ἄλλων πολλῶν, οἳ δικαίως, ὧν εὐηργέτηντο χάριν ᾤοντο δεῖν ἀποδιδόναι. Οὐκοῦν αἰσχρόν, ὦ ἄνδρες Ἀθηναῖοι, εἰ αἱ μὲν παρὰ τοῖς ἄλλοις δωρεαὶ βέβαιοι μένουσιν αὐτῷ, τῆς δὲ παρ' ὑμῶν μόνης τοῦτ' ἀφαιρεθήσεται; Καὶ μὴν οὐδ' ἐκεῖνο καλόν, ζῶντα μὲν αὐτὸν οὕτω τιμᾶν, ὥστε τοσούτων, ὅσων ἀκηκόατε, ἀξιοῦν· ἐπειδὴ δ' ἐτελεύτησε, μηδεμίαν ποιησαμένους τούτων μηδενὸς μνείαν, ἀφελέσθαι τι τῶν δοθέντων τότε.

Πολλὰ μὲν γὰρ ἐστιν, ὦ ἄνδρες Ἀθηναῖοι, τῶν ὑπ' ἐκείνου πραχθέντων ἄξια ἐπαίνου, δι' ἃ πάντα προσήκει μὴ λύειν τὰς ἐπὶ τούτοις δοθείσας δωρεάς· κάλλιστον δὲ πάντων, ἡ τῶν τειχῶν ἀνάστασις. Γνοίη δ' ἄν τις, εἰ παραθείη πῶς Θεμιστοκλῆς, ὁ τῶν καθ' ἑαυτὸν ἀπάντων ἀνδρῶν ἐνδοξότατος, ταὐτὸ τοῦτ' ἐποίησε[1]. Λέγεται τοίνυν ἐκεῖνος, τειχίζειν εἰπὼν τοῖς πολίταις, κἂν ἀφικνῆταί τις ἐκ Λακεδαίμονος, κατέχειν κελεύσας, οἴχεσθαι πρεσβεύων αὐτὸς ὡς τοὺς Λακεδαιμονίους· λόγων δὲ γιγνομένων ἐκεῖ[2], καί τινων ἀπαγγελλόντων, ὡς Ἀθηναῖοι τειχίζουσιν, ἀρνεῖσθαι, καὶ πρέσβεις πέμπειν τοὺς σκεψομένους κελεύειν· ἐπειδὴ δὲ οὐχ ἧκον οὗτοι, πέμπειν ἑτέρους παραινεῖν. Καὶ πάντες ἴσως ἀκηκόατε, ὃν τρόπον ἐξαπατῆσαι λέγεται. Φημὶ τοίνυν ἐγὼ (καί, πρὸς Διός, ὦ ἄνδρες Ἀθηναῖοι, μηδεὶς φθόνῳ τὸ μέλλον ἀκούσῃ, ἀλλ', ἂν ἀληθὲς ᾖ, σκοπείτω)· ὅσῳ τὸ φανερῶς τοῦ λάθρα κρεῖττον, καὶ τὸ νικῶντας τοῦ παρακρουσαμένους[3] πράττειν ὁτιοῦν ἐντιμότερον, τοσούτῳ κάλλιον Κόνωνα τὰ τείχη στῆσαι Θεμιστοκλέους. Ὁ μὲν γὰρ λαθών, ὁ δὲ νικήσας τοὺς κωλύσοντας, αὐτ' ἐποίησεν. Οὐ τοίνυν ἄξιον, τὸν τοιοῦτον ὑφ' ὑμῶν ἀδικηθῆναι, οὐδ' ἔλαττον σχεῖν τῶν ῥητόρων, τῶν διδαξόντων ὑμᾶς, ὡς ἀφελέσθαι τι χρὴ τῶν ἐκείνῳ δοθέντων.

de poids à mes paroles, on va vous lire les décrets mêmes dont Conon fut l'objet. — Lis.

(DÉCRETS.)

Athéniens, vous n'avez pas seuls honoré Conon pour les exploits que je viens de parcourir : il le fut encore par beaucoup d'autres peuples, qui crurent devoir payer ses services d'une juste reconnaissance. Vous aurez donc à rougir, ô mes concitoyens, si, conservant irrévocablement les récompenses des autres Hellènes, il est menacé dans celle-là seulement qu'il tient de vous! Vivant, vous accumulez sur sa tête tous les honneurs qu'on vient d'entendre; mort, vous les oubliez tous, vous lui retirez une partie de vos dons. N'est-ce pas là une autre indignité ?

Parmi tant d'actions louables qui toutes doivent être la garantie des grâces qu'elles lui ont attirées, la plus belle, Athéniens, est le rétablissement de nos murs. Pour vous en convaincre, comparez Conon à ce Thémistocle, l'homme le plus illustre de son siècle, qui exécuta la même entreprise. Thémistocle, pressant les travaux, recommanda, dit-on, de retenir ici quiconque viendrait de Sparte, où lui-même se rendait en ambassade. Là s'ouvre une délibération. Quelques Lacédémoniens annoncent que les Athéniens relèvent leurs remparts : il le nie, et propose d'envoyer ici vérifier le fait. Ces députés ne revenant point, il conseille d'en expédier d'autres. Au reste, vous avez tous appris, sans doute, comment il accomplit sa ruse. Or, je dis (et, au nom de Jupiter! Athéniens, prêtez à mes paroles une oreille amie, et ne leur demandez que la vérité) : plus le grand jour est préférable aux voies ténébreuses, une véritable victoire à tous les succès de la fraude, plus Conon, en relevant nos murs, s'est montré supérieur à Thémistocle. Celui-ci dut le succès à une fourberie; celui-là à la défaite des opposants. Un tel citoyen mérite-t-il donc vos rigueurs? pèse-t-il moins dans votre balance que ces harangueurs qui vous endoctrineront sur la nécessité de lui enlever une de vos récompenses ?

Εῖεν. Ἀλλά, νὴ Δία, τὸν παῖδα τοῦ Χαβρίου περιΐδωμεν ἀφαιρεθέντα τὴν ἀτέλειαν, ἣν ὁ πατὴρ αὐτῷ, δικαίως παρ' ὑμῶν λαβών, κατέλιπεν[1]; ἀλλ'. οὐδέν' ἀνθρώπων εὖ φρονοῦντ', οἶμαι, ταῦτ' ἂν φῆσαι καλῶς ἔχειν. Ἴστε μὲν οὖν ἴσως καὶ ἄνευ τοῦ παρ' ἐμοῦ λόγου, ὅτι σπουδαῖος Χαβρίας ἦν ἀνήρ· οὐ μὴν κωλύει γε οὐδὲν κἀμὲ διὰ βραχέων ἐπιμνησθῆναι τῶν πεπραγμένων αὐτῷ. Ὃν μὲν οὖν τρόπον, ὑμᾶς ἔχων, πρὸς ἅπαντας Πελοποννησίους παρετάξατο ἐν Θήβαις[2], καὶ ὡς Γοργώπαν ἀπέκτεινεν ἐν Αἰγίνῃ, καὶ ὅσα ἐν Κύπρῳ τρόπαια ἔστησε, καὶ μετὰ ταῦτα ἐν Αἰγύπτῳ· καὶ ὅτι, πᾶσαν ἐπελθών, ὀλίγου δέω λέγειν, χώραν, οὐδαμοῦ τὸ τῆς πόλεως ὄνομα, οὐδ' αὐτὸν κατήσχυνεν· οὔτε πάνυ ῥάδιον κατὰ τὴν ἀξίαν εἰπεῖν· πολλή τε αἰσχύνη, λέγοντος ἐμοῦ, ταῦτα ἐλάττω φανῆναι τῆς ἐν ἑκάστῳ νῦν περὶ αὐτοῦ δόξης ὑπαρχούσης[3]. Ἃ δ' οὐδαμῶς ἂν εἰπὼν οἶμαι μικρὰ ποιῆσαι, ταῦθ' ὑπομνῆσαι πειράσομαι. Ἐνίκησε μὲν τοίνυν Λακεδαιμονίους ναυμαχίᾳ, καὶ πεντήκοντα μιᾶς δεούσας ἔλαβεν αἰχμαλώτους τριήρεις· εἷλε δὲ τῶν νήσων τούτων τὰς πολλάς, καὶ παρέδωκεν ὑμῖν, καὶ φίλας ἐποίησεν, ἐχθρῶς ἐχούσας πρότερον· τρισχίλια δὲ αἰχμάλωτα σώματα δεῦρ' ἤγαγε, καὶ πλέον ἢ δέκα καὶ ἑκατὸν τάλαντα ἀπέφηνεν ἀπὸ τῶν πολεμίων· καὶ τούτων πάντων ὑμῶν τινες, οἱ πρεσβύτατοι, μάρτυρές εἰσί μοι. Πρὸς δὲ τούτοις ἄλλας τριήρεις πλέον ἢ εἴκοσιν εἷλε, κατὰ μίαν καὶ δύο λαμβάνων· ἃς ἁπάσας εἰς τοὺς ὑμετέρους λιμένας κατήγαγεν. Ἑνὶ δὲ κεφαλαίῳ, μόνος τῶν πάντων στρατηγῶν, οὐ πόλιν, οὐ φρούριον, οὐ ναῦν, οὐ στρατιώτην ἀπώλεσεν οὐδένα[4], ἡγούμενος ὑμῶν· οὐδ' ἐστὶν οὐδενὶ τῶν ὑμετέρων ἐχθρῶν τρόπαιον οὐδὲν ἀφ' ὑμῶν τε κἀκείνου· ὑμῖν δ' αὖ ἀπὸ πολλῶν πολλά, ἐκείνου στρατηγοῦντος. Ἵνα δὲ μὴ λέγων παραλίπω τι τῶν πεπραγμένων αὐτῷ, ἀναγνώσεται γεγραμμένας ὑμῖν τάς τε ναῦς, ὅσας ἔλαβε, καὶ οὗ ἑκάστην, καὶ τῶν πόλεων τὸν ἀριθμόν, καὶ τῶν χρημάτων τὸ πλῆθος, καὶ τῶν τροπαίων, οὗ ἕκαστον. Λέγε.

Mais au fils de Chabrias, grands dieux! verrons-nous avec indifférence retirer ses immunités, priviléges reconnaissants des services paternels, et son héritage? Où est l'homme de sens qui nous approuverait? Sans doute, il n'est pas besoin de mes paroles pour vous apprendre quel homme fut Chabrias; rien n'empêche cependant qu'à mon tour je ne rappelle brièvement ses exploits. Avoir combattu près de Thèbes, avec vous, contre le Péloponèse tout entier; avoir tué de sa main Gorgopas à Égine, et dressé de nombreux trophées à Cypre, puis en Égypte; avoir, dans ses courses guerrières, visité presque toutes les nations, en conservant sans tache le nom d'Athènes et le sien; voilà ce qu'il est difficile de célébrer dignement; et quelle honte pour moi d'entreprendre un éloge qui, à vos yeux, laisserait ce grand homme au-dessous de sa gloire! Mais ce que ma voix ne saurait affaiblir, j'essayerai de le retracer. Chabrias défit les Lacédémoniens sur mer, leur prit quarante-neuf trirèmes, vous conquit la plupart des îles, et changea leur haine en amitié; il amena ici trois mille prisonniers, et compta au trésor plus de cent dix talents, dépouille de l'ennemi : nos anciens me sont témoins de tous ces faits. Ce n'est pas tout : il enleva, dans des attaques partielles, plus de vingt autres navires, qu'il a tous conduits dans vos ports. Seul, en un mot, parmi tous vos généraux, il n'a perdu, lorsqu'il vous commandait, ni ville, ni forteresse, ni vaisseau, ni même un soldat. Chez aucun ennemi, nul trophée ne fut érigé contre lui, contre vous; par vous, au contraire, vingt trophées furent dressés sur vingt peuples, quand il guidait vos bataillons. Mais, pour n'omettre aucun de ses exploits, voici un mémoire qui mentionne et les vaisseaux qu'il a capturés, et le lieu de chaque prise, et le nombre des villes vaincues, et les sommes dont il nous a enrichis, et les pays qui ont vu ses trophées. — Lis.

(ΠΡΑΞΕΙΣ ΧΑΒΡΙΟΥ.)

Δοκεῖ τισιν ὑμῶν, ὦ ἄνδρες Ἀθηναῖοι, οὑτοσὶ ὁ τοσαύτας πόλεις λαβών, καὶ τριήρεις τῶν πολεμίων ναυμαχίᾳ νικήσας, καὶ
τοσούτων καλῶν αἴτιος ὤν, αἰσχροῦ δ᾽ οὐδενὸς τῇ πόλει, ἄξιος
εἶναι ἀποστερηθῆναι τὴν ἀτέλειαν, ἣν εὕρετο παρ᾽ ὑμῶν, καὶ
τῷ υἱεῖ κατέλιπεν; ἐγὼ μὲν οὐκ οἴομαι[1], καὶ γὰρ ἂν ἄλογον εἴη.
Μίαν μὲν πόλιν ἀπώλεσεν, ἢ ναῦς δέκα μόνας; περὶ προδοσίας
ἂν αὐτὸν εἰςήγγελλον οὗτοι[2]. Καὶ ἑάλω; τὸν ἅπαντ᾽ ἂν ἀπο-
λώλει χρόνον. Ἐπειδὴ δὲ τοὐναντίον ἑπτακαίδεκα μὲν πόλεις
εἷλεν, ἑβδομήκοντα δὲ ναῦς ἔλαβε, τριςχιλίους δ᾽ αἰχμαλώτους,
δέκα δὲ καὶ ἑκατὸν τάλαντ᾽ ἀπέφηνε, τοσαῦτα δὲ ἔστησε τρό-
παια· τηνικαῦτα δὴ οὐκ ἔσται κύρια αὐτῷ τὰ δοθέντα ἐπὶ
τούτοις;

Καὶ μήν, ὦ ἄνδρες Ἀθηναῖοι, καὶ ζῶν πάνθ᾽ ὑπὲρ ὑμῶν φανήσεται πράξας Χαβρίας, καὶ τὴν τελευτὴν αὐτὴν τοῦ βίου πε-
ποιημένος οὐχ ὑπὲρ ἄλλου τινός[3]· ὥςτε δικαίως ἂν οὐ μόνον διὰ
τὰ ζῶντι πεπραγμένα φαίνοισθε εὐνοϊκῶς διακείμενοι πρὸς τὸν
υἱὸν αὐτοῦ, ἀλλὰ καὶ διὰ ταύτην. Ἄξιον τοίνυν, ὦ ἄνδρες Ἀθηναῖοι, κἀκεῖνο σκοπεῖν, ὅπως μὴ φανούμεθα φαυλότεροι Χίων
περὶ τοὺς εὐεργέτας γεγενημένοι. Εἰ γὰρ ἐκεῖνοι μέν, ἐφ᾽ οὓς
μεθ᾽ ὅπλων ἦλθεν ἐν ἐχθροῦ τάξει, μηδὲν ὧν ἔδοσαν πρότερον,
νῦν ἀφῄρηνται, ἀλλὰ τὰς παλαιὰς χάριτας μείζους τῶν καινῶν
ἐγκλημάτων πεποίηνται· ὑμεῖς δ᾽, ὑπὲρ ὧν ἐπ᾽ ἐκείνους ἐλθὼν
ἐτελεύτησεν, ἀντὶ τοῦ διὰ ταῦτα ἔτι μᾶλλον αὐτὸν τιμᾶν, καὶ
τῶν ἐπὶ ταῖς προτέραις εὐεργεσίαις τι δοθέντων ἀφῃρημένοι φα-
νήσεσθε· πῶς οὐκ εἰκότως αἰσχύνην ἕξετε; Καὶ μὴν καὶ κατ᾽
ἐκεῖνο ἀνάξι᾽ ἂν εἴη πεπονθὼς ὁ παῖς, εἰ τῆς δωρεᾶς ἀφαιρεθείη,
καθ᾽ ὅ, πολλάκις ὑμῶν στρατηγήσαντος Χαβρίου, οὐδενὸς πώποτε υἱὸς ὀρφανὸς δι᾽ ἐκεῖνον ἐγένετο, αὐτὸς δ᾽ ἐν ὀρφανίᾳ τέ-
θραπται διὰ τὴν πρὸς ὑμᾶς φιλοτιμίαν τοῦ πατρός. Οὕτω γάρ,
ὡς ἀληθῶς ἔμοιγε φαίνεται, βεβαίως πως ἐκεῖνος ἐγένετο φιλό-
πολις, ὥςτε δοκῶν καὶ ὢν ἀσφαλέστατος στρατηγὸς ἁπάντων,

(SERVICES DE CHABRIAS.)

Que vous en semble? Athéniens. Le conquérant de tant de cités, le vainqueur des flottes ennemies, l'homme qui a comblé sa patrie de gloire, et de la gloire la plus pure, mérite-t-il qu'on lui arrache l'immunité qu'il tient de vous et qu'il a transmise à son fils? Non, vous n'admettez pas une telle inconséquence. Chabrias eût-il perdu seulement une place ou dix navires, ces gens-ci l'auraient accusé de trahison, et, condamné, c'était fait de lui à jamais; mais, loin de là, il a pris dix-sept villes, soixante-dix vaisseaux, trois mille soldats, versé au trésor cent dix talents, remporté une foule de victoires; et vous annulerez le prix de tant de services!

La vie de Chabrias, ô Athéniens, vous fut, à n'en point douter, consacrée tout entière; et c'est encore à vous, à vous seuls, qu'il en fit le sacrifice. Il serait donc juste de vous montrer favorables au fils, par égard et pour la vie et pour la mort du père. Craignons encore, ô mes concitoyens, craignons de paraître moins reconnaissants que les habitants de Chios. Si ces derniers, alors même que Chabrias marchait contre eux les armes à la main, n'ont révoqué aucun des priviléges qu'ils lui avaient conférés; si le respect pour d'anciens bienfaits à prévalu chez eux sur de récentes offenses; tandis que vous, pour qui ce grand homme est mort en les attaquant, on vous verra, au lieu d'ajouter à ses récompenses pour ce dernier titre, retrancher même de celles dont vous payâtes ses services précédents: comment n'aurez-vous pas honte? Puis, quel indigne procédé envers le fils de Chabrias! vous le priverez des exemptions, lui dont le père, après vous avoir si souvent menés au combat, n'a rendu aucun de vous orphelin, tandis que, par zèle pour votre gloire, il a laissé ce jeune homme orphelin dès l'enfance! Car, à mes yeux, le dévouement de Chabrias fut inébranlable; tant qu'il vous commanda, il ménagea votre sang avec cette extrême prudence qui

ὑπὲρ μὲν ὑμῶν, ὁπότε ἡγοῖτο, ἐχρῆτο τούτῳ· ὑπὲρ αὑτοῦ δ᾽, ἐπειδὴ τὸ καθ᾽ αὑτὸν ἐτάχθη κινδυνεύειν, παρεῖδε, καὶ μᾶλλον εἵλετο μὴ ζῆν, ἢ καταισχῦναι τὰς παρ᾽ ὑμῶν ὑπαρχούσας αὐτῷ τιμάς[1]. Εἶθ᾽ ὑπὲρ ὧν ἐκεῖνος ᾤετο δεῖν ἀποθνήσκειν ἢ νικᾷν, ταῦθ᾽ ἡμεῖς ἀφελώμεθα τὸν υἱὸν αὐτοῦ; Καὶ τί φήσομεν, ὦ ἄνδρες Ἀθηναῖοι, ὅταν τὰ μὲν τρόπαια ἑστήκῃ δῆλα πᾶσιν ἀνθρώποις, ἃ ὑπὲρ ὑμῶν στρατηγῶν ἐκεῖνος ἔστησε, τῶν δ᾽ ἐπὶ τούτοις δωρεῶν ἀφῃρημένον τι φαίνηται; Οὐ σκέψεσθε, ὦ ἄνδρες Ἀθηναῖοι, καὶ λογιεῖσθε, ὅτι νῦν οὐχ ὁ νόμος κρίνεται, πότερόν ἐστιν ἐπιτήδειος, ἢ οὔ, ἀλλ᾽ ὑμεῖς δοκιμάζεσθε, εἴτ᾽ ἐπιτήδειοι πάσχειν ἐστὲ εὖ τὸν ἐπίλοιπον χρόνον, εἴτε μή; Λαβὲ δὴ καὶ τὸ Χαβρίᾳ ψήφισμα ψηφισθέν. Ὅρα δὴ καὶ σκόπει· δεῖ γὰρ αὐτὸ ἐνταῦθα εἶναί που[2].

Ἐγὼ δ᾽ ἔτι τοῦτ᾽ εἰπεῖν ὑπὲρ Χαβρίου βούλομαι. Ὑμεῖς, ὦ ἄνδρες Ἀθηναῖοι, τιμῶντές ποτε Ἰφικράτην, οὐ μόνον αὐτὸν ἐτιμήσατε, ἀλλὰ καὶ δι᾽ ἐκεῖνον Στράβακα καὶ Πολύστρατον[3]. Καὶ πάλιν Τιμοθέῳ διδόντες τὴν δωρεάν, δι᾽ ἐκεῖνον ἐδώκατε καὶ Κλεάρχῳ καί τισιν ἄλλοις τὴν πολιτείαν. Χαβρίας δ᾽ αὐτὸς ἐτιμήθη παρ᾽ ὑμῖν μόνος. Εἰ δὴ τότε, ὅθ᾽ εὑρίσκετο τὴν δωρεάν, ἠξίωσεν ὑμᾶς, ὥσπερ δι᾽ Ἰφικράτην καὶ Τιμόθεον εὖ τινας πεποιήκατε, οὕτω δι᾽ αὐτὸν εὖ ποιῆσαι τούτων τινὰς τῶν εὑρημένων τὴν ἀτέλειαν, οὓς νῦν οὗτοι μεμφόμενοι πάντας ἀφαιρεῖσθαι κελεύουσιν· ὁμοίως οὐκ ἂν ἐδώκατε ταύτην αὐτῷ τὴν χάριν; ἔγωγ᾽ ἡγοῦμαι. Εἶθ᾽ οἷς δι᾽ ἐκεῖνον ἂν τότε ἐδώκατε τὴν δωρεάν, διὰ τούτους νῦν αὐτὸν ἐκεῖνον ἀφαιρήσεσθε τὴν ἀτέλειαν[4]; ἀλλ᾽ ἄλογον. Οὐδὲ γὰρ ὑμῖν ἁρμόττει δοκεῖν παρὰ μὲν τὰς εὐεργεσίας οὕτω προχείρως ἔχειν, ὥστε μὴ μόνον αὐτοὺς τοὺς εὐεργέτας τιμᾷν, ἀλλὰ καὶ τοὺς ἐκείνων φίλους· ἐπειδὰν δὲ χρόνος διέλθῃ βραχύς, καὶ ὅσα αὐτοῖς δεδώκατε, ταῦτα ἀφαιρεῖσθαι.

(ΨΗΦΙΣΜΑ ΤΩΝ ΧΑΒΡΙΟΥ ΤΙΜΩΝ.)

Οὓς μὲν τοίνυν ἀδικήσετε, εἰ μὴ λύσετε τὸν νόμον, πρὸς

le distinguait des autres généraux; mais, soldat, fallait-il affronter
les périls en personne? il s'oubliait, et il aima mieux périr que de
ternir les honneurs qu'il tenait de ses concitoyens. Et ces mêmes
honneurs pour lesquels il voulut vaincre ou mourir, nous, nous les
retirerions à son fils! Et que répondrons-nous, Athéniens, si, lorsque les trophées érigés à votre gloire par ce général sont encore
exposés au regard des peuples, on vous voit supprimer quelqu'une
des récompenses décernées à ses victoires? Quand réfléchirez-vous
qu'aujourd'hui ce n'est pas sur l'utilité de la loi qu'il va être statué,
c'est sur vous-mêmes? Oui, méritez-vous ou non des services à l'a-
venir? voilà l'épreuve que vous subissez. Prends le décret porté
pour Chabrias. Vois, cherche : il doit être ici quelque part.

Encore un mot sur Chabrias. En récompensant Iphicrate, vous
étendîtes vos faveurs, à cause d'Iphicrate même, sur Strabax et sur
Polystrate. De même, quand vous offriez les exemptions à Timothée,
vous donnâtes, à sa considération, le titre de citoyen à Cléarque et
à quelques autres. Pour Chabrias, vous l'avez récompensé seul. Si
donc, lorsqu'il fut honoré de vos dons, il vous eût demandé en son
nom ce que vous aviez accordé aux noms d'Iphicrate et de Timothée,
des grâces pour quelques-uns de ceux qui ont obtenu les dispenses,
et que ces gens-ci attaquent aujourd'hui afin de dépouiller tous les
privilégiés, ou je me trompe fort, ou vous auriez eu pour lui la
même condescendance. Ainsi, les mêmes citoyens sur lesquels le
crédit de Chabrias eût alors attiré vos bienfaits, seront maintenant
votre prétexte pour retirer à Chabrias les immunités. O inconséquence! Non, Athéniens, il ne siérait pas que l'on dît de vous : A
peine ont-ils reçu un service, qu'ils courent récompenser jusqu'aux
amis de celui qui en fut l'auteur; mais attendez un peu : tout ce
qu'ils ont donné à leur bienfaiteur même, ils vont le lui redemander.

(DÉCRET QUI ACCORDE DES HONNEURS
A CHABRIAS.)

Voilà donc, ô juges! outre beaucoup d'autres que vous avez ouï

πολλοῖς ἄλλοις, οἷς ἀκηκόατε, εἰσὶν οὗτοι, ὦ ἄνδρες δικασταί.
Σκοπεῖτε δὲ καὶ λογίσασθε παρ' ὑμῖν αὐτοῖς, εἴ τινες τούτων
τῶν τετελευτηκότων λάβοιεν τρόπῳ τινὶ τοῦ νυνὶ γιγνομένου
πράγματος αἴσθησιν[1], ὡς ἂν εἰκότως ἀγανακτήσειαν! Εἰ γὰρ ὧν
ἔργῳ πεποίηκεν ἕκαστος αὐτῶν ὑμᾶς εὖ, τούτων ἐκ λόγου κρίσις
γίγνεται, καὶ τὰ καλῶς πραχθέντα ὑπ' ἐκείνων, ἂν ὑφ' ἡμῶν
μὴ καλῶς ῥηθῇ τῷ λόγῳ, μάτην τοῖς πονήσασιν εἴργασται, πῶς
οὐ δεινὰ πάσχουσιν;

Ἵνα τοίνυν εἰδῆτε, ὦ ἄνδρες Ἀθηναῖοι, ὅτι ὡς ἀληθῶς ἐπὶ
πᾶσι δικαίοις ποιούμεθα τοὺς λόγους πάντας, ὅσους λέγομεν
πρὸς ὑμᾶς, καὶ οὐδέν ἐσθ' ὅ τι τοῦ παρακρούσασθαι καὶ φενακί-
σαι λέγεται παρ' ἡμῶν εἵνεκα, ἀναγνώσεται τὸν νόμον ὑμῖν, ὃν
παρεισφέρομεν γράψαντες ἀντὶ τοῦδε, ὃν οὐκ ἐπιτήδειον εἶναί
φαμεν[2]. Γνώσεσθε γὰρ ἐκ τούτου, πρόνοιάν τινα ἔχοντας ἡμᾶς,
καὶ ὅπως ὑμεῖς μηδὲν αἰσχρὸν ποιῆσαι δόξετε, καὶ ὅπως, εἴ
τινά τις καταμέμφεται τῶν εὑρημένων τὰς δωρεάς, ἂν δίκαιον
ᾖ, κρίνας παρ' ὑμῖν, ἀφαιρήσεται, καὶ ὅπως, οὓς οὐδεὶς ἂν ἀντείποι μὴ οὐ δεῖν ἔχειν, ἕξουσι τὰ δοθέντα. Καὶ τούτων πάντων
οὐδέν ἐστι καινόν, οὐδ' ἡμέτερον εὕρημα· ἀλλ' ὁ παλαιός, ὃν
οὗτος παρέβη, νόμος, οὕτω κελεύει νομοθετεῖν· γράφεσθαι
μέν, ἄν τίς τινα τῶν ὑπαρχόντων νόμων μὴ καλῶς
ἔχειν ἡγῆται, παρεισφέρειν δὲ αὐτὸν ἄλλον, ὃν ἂν
τιθῇ, λύων ἐκεῖνον, ὑμᾶς δὲ ἀκούσαντας ἑλέσθαι
τὸν κρείττω. Οὐ γὰρ ᾤετο δεῖν ὁ Σόλων ὁ τοῦτον τὸν τρόπον
προστάξας νομοθετεῖν, τοὺς μὲν θεσμοθέτας, τοὺς ἐπὶ τοὺς νόμους κληρουμένους, δὶς δοκιμασθέντας ἄρχειν, ἔν τε τῇ βουλῇ,
καὶ παρ' ὑμῖν ἐν τῷ δικαστηρίῳ[3]· τοὺς δὲ νόμους αὐτούς, καθ'
οὓς καὶ τούτοις ἄρχειν, καὶ πᾶσι τοῖς ἄλλοις πολιτεύεσθαι προσήκει, ἐπὶ καιροῦ τεθέντας ὅπως ἔτυχον, μὴ δοκιμασθέντας κυρίους εἶναι. Καὶ γάρ τοι τότε μέν, τέως τὸν τρόπον τοῦτον ἐνο-
μοθέτουν, τοῖς μὲν ὑπάρχουσι νόμοις ἐχρῶντο, καινοὺς δ' οὐκ
ἐτίθεσαν[4]. Ἐπειδὴ δὲ τῶν πολιτευομένων τινὲς δυνηθέντες, ὡς
ἐγὼ πυνθάνομαι, κατεσκεύασαν αὑτοῖς ἐξεῖναι νομοθετεῖν, ὅταν

nommer, les hommes auxquels vous ferez injustice, si vous n'abrogez la loi. Supposons quelques-uns de ces illustres morts devenus sensibles à ce que nous faisons aujourd'hui : quelle serait leur juste indignation! Si les actes de leur dévouement à la république sont jugés sur des paroles; si leurs beaux faits, mal racontés par nous, ne sont plus pour eux que d'inutiles travaux, peuvent-ils avoir plus triste destin?

Pour vous convaincre, Athéniens, que tout ce discours est dicté par la justice et la vérité, que la surprise, la déception, n'ont aucune part dans notre dessein, on va vous lire la loi rédigée par nous pour remplacer celle que nous combattons. Vous reconnaîtrez que, grâce à nos précautions, rien d'ignoble ne paraîtrait dans votre conduite, qu'on pourrait déposséder de vos faveurs ceux qui, traduits devant vous, en seraient jugés indignes; que vos dons resteraient là où ils ne seraient contestés par personne. Dans tout ceci, rien de nouveau, rien de notre invention; car une ancienne loi, violée par Leptine, prescrit les formalités suivantes à l'auteur d'une loi nouvelle : *Attaquer la loi établie que l'on croira mauvaise; en proposer une autre qui l'abroge; soumettre la meilleure à votre choix, les débats entendus.* Solon, qui traça cette marche, n'a pas cru que, tandis que les thesmothètes, appelés par le sort à veiller sur la législation, subissent, avant d'entrer en charge, une double épreuve et dans le conseil et devant votre tribunal, les lois elles-mêmes, règle nécessaire de leur magistrature comme de tous les pouvoirs politiques, dussent être improvisées au hasard, et sanctionnées sans examen. D'ailleurs, observer les lois existantes, sans en faire de nouvelles, tels étaient autrefois nos usages législatifs. Mais, depuis

τις βούληται, καὶ ὃν ἂν τύχῃ τρόπον· τοσοῦτοι μὲν οἱ ἐναντίοι
σφίσιν αὐτοῖς εἰσι νόμοι, ὥςτ' ἐχειροτονεῖθ' ὑμεῖς τοὺς διαλέξον-
τας τοὺς ἐναντίους ἐπὶ πάμπολυν ἤδη χρόνον, καὶ τὸ πρᾶγμα
οὐδὲν μᾶλλον δύναται πέρας σχεῖν[1]· ψηφισμάτων δ' οὐδοτιοῦν
διαφέρουσιν οἱ νόμοι, ἀλλὰ νεώτεροι οἱ νόμοι, καθ' οὓς τὰ ψηφίσματα δεῖ γράφεσθαι, τῶν ψηφισμάτων αὐτῶν ὑμῖν εἰσιν[2].
Ἵν' οὖν μὴ λόγον λέγω μόνον, ἀλλὰ καὶ τὸν νόμον αὐτόν, ὃν
φημι, δείξω, λαβέ μοι τὸν νόμον, καθ' ὃν ἐνομοθέτησαν οἱ πρότερον νομοθέται. Λέγε.

(ΝΟΜΟΣ.)

Συνίεθ' ὃν τρόπον, ὦ ἄνδρες Ἀθηναῖοι, ὁ Σόλων τοὺς νόμους
ὡς καλῶς κελεύει τιθέναι· πρῶτον μὲν παρ' ὑμῖν, τοῖς ὀμωμοκόσι[3], παρ' οἷσπερ καὶ τἄλλα κυροῦται· ἔπειτα λύοντα τοὺς ἐναν-
τίους· ἵν' εἷς ᾖ περὶ τῶν ὄντων ἑκάστου νόμος, καὶ μὴ τοὺς ἰδιώτας
αὐτὸ τοῦτο ταράττῃ, καὶ ποιῇ τῶν ἅπαντα εἰδότων τοὺς νόμους
ἔλαττον ἔχειν· ἀλλὰ πᾶσιν ᾖ ταῦτ' ἀναγνῶναι, καὶ μαθεῖν ἁπλᾶ
καὶ σαφῆ τὰ δίκαια. Καὶ πρὸ τούτων γε ἐπέταξεν ἐκθεῖναι πρό-
σθεν τῶν ἐπωνύμων[4], καὶ τῷ γραμματεῖ παραδοῦναι· τοῦτον
δὲ ἐν ταῖς ἐκκλησίαις ἀναγιγνώσκειν, ἵνα ἕκαστος ὑμῶν, ἀκούσας πολλάκις καὶ κατὰ σχολὴν σκεψάμενος, ἃ ἂν ᾖ καὶ δίκαια
καὶ συμφέροντα, ταῦτα νομοθετῇ[5]. Τούτων τοίνυν τοσούτων
δικαίων ὄντων τὸ πλῆθος, οὑτοσὶ μὲν οὐδοτιοῦν ἐποίησε Λεπτί-
νης· οὐδὲ γὰρ ἂν ὑμεῖς ποτ' ἐπείσθητε, ὡς ἐγὼ νομίζω, θέσθαι
τὸν νόμον, ἡμεῖς δ', ὦ ἄνδρες Ἀθηναῖοι, πάντα, καὶ παρεις-
φέρομεν πολλῷ κρείττω, καὶ δικαιότερον τούτου νόμον. Γνώσεσθε δὲ ἀκούσαντες. Λαβὲ καὶ λέγε, πρῶτον μέν, ἃ τούτου
τοῦ νόμου γεγράμμεθα, εἶθ' ἅ φαμεν δεῖν ἀντὶ τούτων τεθῆναι.
Λέγε.

(ΚΑΤΗΓΟΡΗΜΑΤΑ ΝΟΜΟΥ.)

Ταῦτα μέν ἐστιν, ἃ τούτου τοῦ νόμου διώκομεν, ὡς οὐκ ἐπι-

que des administrateurs puissants eurent, à ce que j'entends dire, usurpé le privilége de porter des lois au gré de leur envie et sans formes arrêtées, il en est résulté tant de lois contradictoires, que les commissaires élus depuis très-longtemps par vous pour en faire le triage, n'ont pu encore terminer ce travail. Entre une loi et un décret, plus de différence; et il est chez vous des lois plus jeunes que les décrets mêmes qui doivent en émaner. Mais, pour ne pas vous payer de mots, je vais montrer la loi même dont je parle. Prends celle qu'observait jadis l'auteur d'une loi nouvelle. Lis.

(LOI.)

Vous comprenez, ô Athéniens, tout ce qu'il y a de sagesse dans ces formalités attachées par Solon à la création d'une loi : d'abord, présentation devant vous, investis sous la foi du serment de la sanction législative; ensuite abrogation des lois contraires, pour que, sur chaque objet, il n'y ait qu'une disposition, qu'ainsi disparaisse tout embarras pour l'ignorant, toute supériorité pour le citoyen qui connaîtrait toutes les lois, et que chacun ait la facilité de les lire et de s'instruire dans une jurisprudence simple et claire; avant tout, exposition du projet de loi devant les statues des éponymes, et sa remise au greffier, qui le lira dans les assemblées nationales, afin que tout citoyen, après plusieurs lectures, après un mûr examen, ne donne le caractère légal qu'à des mesures équitables et utiles. Or, de tant de règles si sages, pas une n'a été suivie par Leptine. Autrement, vous eût-il jamais persuadé d'adopter sa loi? Nous, ô Athéniens, nous les observons toutes, et, à côté de cette loi, nous en apportons une bien plus juste et plus avantageuse. Vous allez en juger. Prends et lis d'abord, dans la loi de Leptine, les articles que nous attaquons, puis ceux que nous proposons à leur place. Lis.

(ARTICLES A ABROGER.)

Voilà ce que nous poursuivons dans cette loi. Continue, lis ce

τήδεια. Τὰ δ' ἐφεξῆς λέγε, ἃ τούτων εἶναι βελτίω φαμέν. Προς-
έχετε, ὦ ἄνδρες δικασταί, τούτοις ἀναγιγνωσκομένοις τὸν νοῦν.
Λέγε.

(ΝΟΜΟΣ ΑΝΤΕΙΣΦΕΡΟΜΕΝΟΣ.)

Ἐπίσχες[1]. Τοῦτο μέν ἐστιν ἐν τοῖς οὖσι νόμοις κυρίοις ὑπάρχον καλόν, ὦ ἄνδρες Ἀθηναῖοι, καὶ σαφές, τὰς δωρεάς, ἃς
ὁ δῆμος ἔδωκε, κυρίας εἶναι· δίκαιον, ὦ γῆ καὶ θεοί.
Χρῆν τοίνυν Λεπτίνην μὴ πρότερον τιθέναι τὸν ἑαυτοῦ νόμον,
πρὶν τὸν παλαιὸν τοῦτον ἔλυσε γραψάμενος· νῦν δέ, μαρτυρίαν
καθ' ἑαυτοῦ καταλείπων, ὅτι παρανομεῖ, τουτονὶ τὸν νόμον,
ὅμως ἐνομοθέτει· καὶ ταῦτα, ἑτέρου κελεύοντος νόμου, καὶ
κατ' αὐτὸ τοῦτο ἔνοχον εἶναι τῇ γραφῇ, ἐὰν ἐναν-
τίος ᾖ τοῖς πρότερον κειμένοις νόμοις. Λαβὲ δ' αὐτὸν
τὸν νόμον.

(ΝΟΜΟΣ.)

Οὔκουν ἐναντίον, ὦ ἄνδρες Ἀθηναῖοι, τῷ κυρίας εἶναι
τὰς δωρεάς, ἃς ὁ δῆμος ἔδωκε, τὸ μηδένα εἶναι τούτων ἀτελῆ, οἷς ὁ δῆμος ἔδωκε; σαφῶς γε οὑτωσί. Ἀλλ' οὐκ
ἐν ᾧ νῦν ὅδε ἀντεισφέρει νόμῳ[2]· ἀλλ' ἅ τ' ἐδώκατε, κύρια, καὶ
πρόφασις δικαία κατὰ τῶν ἢ παρακρουσαμένων, ἢ μετὰ ταῦτα
ἀδικούντων, ἢ ὅλως ἀναξίων. Δι' ἥν, ὃν ἂν ὑμῖν δοκῇ, κωλύσετε
ἔχειν τὴν δωρεάν. Λέγε τὸν νόμον.

(ΝΟΜΟΣ ΑΝΤΕΙΣΦΕΡΟΜΕΝΟΣ.)

Ἀκούετε, ὦ ἄνδρες Ἀθηναῖοι, καὶ καταμανθάνετε, ὅτι ἐνταῦθα ἔνι καὶ τοὺς ἀξίους ἔχειν τὰ δοθέντα, καὶ τοὺς μὴ τοιούτους
κριθέντας, ἐὰν ἀδίκως τι λάβωσιν, ἀφαιρεθῆναι, καὶ τὸ λοιπὸν
ἐφ' ὑμῖν εἶναι, πάνθ', ὥσπερ ἐστὶ δίκαιον, δοῦναι καὶ μή.

Ὡς μὲν τοίνυν οὐχὶ καλῶς οὗτος ἔχει καὶ δικαίως ὁ νόμος,
οὔτ' ἐρεῖν οἴομαι Λεπτίνην, οὔτ', ἐὰν λέγῃ, δεῖξαι δυνήσεσθαι·
ἃ δὲ πρὸς τοῖς θεσμοθέταις ἔλεγε, ταῦτ' ἴσως λέγων παράγειν
ὑμᾶς ζητήσει[3]. Ἔφη γὰρ ἐξαπάτης εἵνεκα παραγεγράφθαι τοῦ-

que nous y substituons comme meilleur. Soyez attentifs, ô juges. Lis.

(LOI DE DÉMOSTHÈNE.)

Assez. Parmi les lois en vigueur, il en est une fort sage et très-explicite, qui déclare *irrévocables les dons conférés par le peuple.* Cela est juste, j'en atteste la terre et les dieux ! Avant de porter sa loi, Leptine devait donc obtenir l'abrogation de celle-là, qui est antérieure. Au contraire, que fait-il? laissant subsister cette loi, preuve vivante d'illégalité, il propose la sienne, et il la propose tandis que notre code dit ailleurs que *toute motion contraire à la législation établie pourra, par cela seul, être attaquée.* Prends cette loi.

(LOI.)

Permanence des faveurs du peuple, révocation de toutes les immunités conférées par le peuple : n'y a-t-il pas là, ô Athéniens, contradiction manifeste? Il n'en est pas ainsi de la loi substituée par Aphepsion. Tout en maintenant les priviléges accordés, elle donne action afin d'en dépouiller juridiquement quiconque vous en paraîtra indigne, pour les avoir surpris ou flétris par une conduite coupable. Lis notre loi.

(ON RELIT LA LOI DE DÉMOSTHÈNE.)

Vous l'entendez, Athéniens, et vous l'avez compris : il y a ici, pour les dignes privilégiés, jouissance assurée de vos grâces; pour ceux dont l'indignité sera judiciairement établie, privation de faveurs imméritées; pour vous, à l'avenir, liberté juste et sans limites dans vos dons comme dans vos refus.

Je défie Leptine de prétendre que cette loi n'est pas équitable et sage; et, quand il le dirait, je le défie de le prouver; mais ce qu'il alléguait devant les thesmothètes, il le répétera peut-être pour vous égarer. Il disait que la publicité donnée à notre loi n'était qu'un

τον τὸν νόμον· ἐὰν δ', ὃν αὐτὸς ἔθηκε, λυθῇ, τοῦτον οὐ τεθή-
σεσθαι. Ἐγὼ δ', ὅτι μὲν τῇ ὑμετέρᾳ ψήφῳ, τούτου τοῦ νόμου
λυθέντος, τὸν παρεισενεχθέντα κύριον εἶναι, σαφῶς ὁ παλαιὸς
κελεύει νόμος, καθ' ὃν οἱ θεσμοθέται τοῦτον ὑμῖν παρέγραψαν,
ἐάσω· ἵνα μὴ περὶ τούτου τις ἀντιλέγῃ μοι[1]· ἀλλ' ἐπ' ἐκεῖνο εἶμι.
Ὅταν ταῦτα λέγῃ δήπου, ὁμολογεῖ μὲν εἶναι βελτίω καὶ δικαιότερον τόνδε τὸν νόμον, οὗ τέθεικεν αὐτός· ὑπὲρ δὲ τοῦ πῶς
τεθήσεται, ποιεῖται τὸν λόγον. Πρῶτον μὲν τοίνυν εἰσὶν αὐτῷ
κατὰ τοῦ παρεισφέροντος πολλοὶ τρόποι, δι' ὧν, ἂν μὴ βούληται
θεῖναι τὸν νόμον, αὐτὸν ἀναγκάσει· ἔπειτ' ἐγγυώμεθα ἡμεῖς, ἐγώ,
Φορμίων, ἄλλων εἴ τινα βούλεται, θήσειν τὸν νόμον. Ἔστι δὲ
δήπου νόμος ὑμῖν· ἐάν τις, ὑποσχόμενός τι, τὸν δῆμον,
ἢ βουλήν[2], ἢ δικαστήριον ἐξαπατήσῃ, τὰ ἔσχατα πάσχειν. Ἐγγυώμεθα, ὑπισχνούμεθα· οἱ θεσμοθέται ταῦτα γρα-
φόντων, ἐπὶ τούτοις τὸ πρᾶγμα γιγνέσθω. Μήθ' ὑμεῖς ποιήσητε
μηδὲν ἀνάξιον ὑμῶν αὐτῶν· μήτ', εἴ τις φαῦλός ἐστι τῶν εὑρημένων τὴν δωρεάν, ἐχέτω· ἀλλ' ἰδίᾳ κατὰ τόνδε κριθήτω τὸν
νόμον. Εἰ δὲ ταῦτα λόγους καὶ φλυαρίας εἶναι φήσει, ἐκεῖνό γε
οὐ λόγος· αὐτὸς θέτω, καὶ μὴ λεγέτω τοῦτο, ὡς οὐ θήσομεν ἡμεῖς.
Κάλλιον δὲ δήπου, τὸν ὑφ' ὑμῶν κριθέντα καλῶς ἔχειν νόμον εἰς-
φέρειν, ἢ ὃν νῦν ἐφ' ἑαυτοῦ τίθησιν[3].

Ἐμοὶ δέ, ὦ ἄνδρες Ἀθηναῖοι, δοκεῖ Λεπτίνης (καί μοι πρὸς
Διὸς μηδὲν ὀργισθῇς· οὐδὲν γὰρ φλαῦρον ἐρῶ σε) ἢ οὐκ ἀνεγνωκέναι τοὺς Σόλωνος νόμους, ἢ οὐ συνιέναι[4]. Εἰ γὰρ ὁ μὲν Σόλων
ἔθηκε νόμον, ἐξεῖναι δοῦναι τὰ ἑαυτοῦ, ὅτῳ ἄν τις βούληται, ἐὰν μὴ παῖδες ὦσι γνήσιοι[5], οὐχ ἵν' ἀποστερήσῃ
τοὺς ἐγγύτατα τῷ γένει τῆς ἀγχιστείας, ἀλλ' ἵνα εἰς τὸ μέσον
καταθεὶς τὴν ὠφέλειαν, ἐφάμιλλον ποιήσῃ τὸ ποιεῖν ἀλλήλους
εὖ· σὺ δὲ τοὐναντίον, εἰσενήνοχας, μὴ ἐξεῖναι τῷ δήμῳ
τῶν αὐτοῦ δοῦναι μηδενὶ μηδέν· πῶς σέ τις φήσει τοὺς
Σόλωνος ἀνεγνωκέναι νόμους, ἢ συνιέναι, ὃς ἔρημον ποιεῖς τὸν
δῆμον τῶν φιλοτιμησομένων, προλέγων καὶ δεικνύς, ὅτι τοῖς
ἀγαθόν τι ποιοῦσιν οὐδοτιοῦν ἔσται πλέον; Καὶ μὴν κἀκεῖνος τῶν

leurre, et que, la sienne rejetée, nous ne la ferions point passer. Je n'avancerai pas que votre suffrage, en abrogeant la loi de Leptine, établira par cela même la nôtre, d'après la disposition expresse d'une ancienne loi qui a autorisé les thesmothètes à faire afficher celle-ci; on pourrait me contredire, mais voici ma réponse. Parler comme fait Leptine, c'est avouer que notre motion est plus juste, plus utile que la sienne; c'est aussi mettre en question la manière dont elle sera présentée. Mais d'abord il a en main plusieurs moyens de forcer le rédacteur d'une loi à la proposer, s'il s'y refuse; ensuite nous nous y engageons, moi, Phormion, tel autre qu'il voudra. Une de nos lois s'exprime ainsi : *Celui qui violera une parole donnée au peuple, au conseil, aux tribunaux, sera puni du dernier supplice.* Or, nous promettons, nous jurons de porter la loi. Que les thesmothètes consignent cette déclaration, et que les débats portent sur ce point. Ne faites donc rien qui vous déshonore, ô Athéniens. S'il est un indigne possesseur de vos grâces, qu'on l'en dépouille, mais en vertu d'un procès personnel, au nom de notre loi. Vaines paroles! s'écriera peut-être notre adversaire. Eh bien, voici autre chose que des paroles : Qu'il porte lui-même la loi, et ne dise plus que nous ne la porterons point. Mieux vaudra, sans doute, présenter une motion approuvée par votre sentence, que celle qu'il propose aujourd'hui de son chef.

A mes yeux, Athéniens, Leptine (au nom du ciel, pas de courroux, je n'accuse pas tes intentions) ou n'a pas lu le code de Solon, ou ne l'a pas compris. En effet, si, tandis que notre législateur *permet de donner ses biens à qui l'on voudra, pourvu qu'on n'ait pas d'enfants légitimes,* non pour annuler les droits des collatéraux, mais pour ouvrir un champ libre à tous les secours, et provoquer les rivalités d'une mutuelle bienfaisance; si, dis-je, ta loi, au contraire, *enlève au peuple toute dispensation des faveurs populaires,* pourra-t-on dire que tu as lu les lois de Solon, que tu en as saisi l'esprit, toi qui éloignes du peuple quiconque s'honorerait de le servir quand tu proclames que les services demeureront sans récompense? Voici une

καλῶς δοκούντων ἔχειν νόμων Σόλωνός ἐστι, μὴ λέγειν κακῶς τὸν τεθνεῶτα, μηδ' ἂν ὑπὸ τῶν ἐκείνου τις ἀκούῃ
παίδων αὐτός· σὺ δὲ ποιεῖς, οὐ λέγεις, κακῶς τοὺς τετελευ-
τηκότας τῶν εὐεργετῶν, τῷ δεῖνι μεμφόμενος, καὶ τὸν δεῖνα[1]
ἀνάξιον εἶναι φάσκων, ὧν οὐδὲν ἐκείνοις προςῆκεν· ἆρ' οὐ πολὺ
τοῦ Σόλωνος ἀποστατεῖς τῇ γνώμῃ;

Πάνυ τοίνυν σπουδῇ τις ἀπήγγειλέ μοι περὶ τοῦ μηδενὶ δεῖν
μηδὲν διδόναι, μηδ' ἂν ὁτιοῦν πράξῃ, τοιοῦτόν τι λέγειν αὐτοὺς παρεσκευάσθαι, ὡς « ἄρα οἱ Λακεδαιμόνιοι, καλῶς
πολιτευόμενοι, καὶ Θηβαῖοι, οὐδενὶ τῶν παρ' ἑαυτοῖς διδόασι
τοιαύτην οὐδεμίαν τιμήν· καίτοι καὶ παρ' ἐκείνοις τινές εἰσιν
ἴσως ἀγαθοί. » Ἐμοὶ δὲ δοκοῦσιν, ὦ ἄνδρες Ἀθηναῖοι, πάντες οἱ
τοιοῦτοι λόγοι παροξυντικοὶ μὲν εἶναι πρὸς τὸ τὰς ἀτελείας ὑμᾶς
ἀφελέσθαι πεῖσαι, οὐ μέντοι δίκαιοί γε οὐδαμῇ. Οὐ γὰρ ἀγνοῶ
τοῦθ', ὅτι Θηβαῖοι, καὶ Λακεδαιμόνιοι, καὶ ἡμεῖς, οὔτε νόμοις
οὔτ' ἔθεσι χρώμεθα τοῖς αὐτοῖς, οὔτε πολιτείᾳ. Αὐτὸ γὰρ τοῦτο
πρῶτον, ὃ νῦν οὗτοι ποιήσουσιν, ἐὰν ταῦτα λέγωσιν, οὐκ ἔξεστι
ποιεῖν παρὰ τοῖς Λακεδαιμονίοις[2], πολλοῦ γε καὶ δεῖ· ἀλλ' ἃ
τῇ παρ' ἐκείνοις πολιτείᾳ συμφέρει, ταῦτ' ἐπαινεῖν ἀνάγκη καὶ
ποιεῖν. Εἶτα καὶ Λακεδαιμόνιοι τῶν μὲν τοιούτων ἐθῶν ἀφεστᾶ-
σιν· ἄλλαι δέ τινες παρ' ἐκείνοις εἰσὶ τιμαί, ἃς ἀπεύξαιτ' ἂν
ἅπαξ ὁ δῆμος ἐνταυθοῖ γενέσθαι. Τίνες οὖν εἰσιν αὗται; Τὰς μὲν
καθ' ἕκαστον ἐάσω· μίαν δ', ἣ συλλαβοῦσα τὰς ἄλλας ἔχει,
δίειμι[3]. Ἐπειδάν τις εἰς τὴν καλουμένην γερουσίαν ἐγκριθῇ,
παρασχὼν ἑαυτὸν οἷον χρή, δεσπότης ἐστὶ τῶν πολλῶν. Ἐκεῖ
μὲν γάρ ἐστι τῆς ἀρετῆς ἄθλον, τῆς πολιτείας κυρίῳ γενέσθαι
μετὰ τῶν ὁμοίων[4]. Παρὰ δ' ὑμῖν, ταύτης μὲν ὁ δῆμος κύριος,
καὶ ἀρχαὶ καὶ νόμοι φυλακαί, ὅπως μηδεὶς ἄλλος κύριος γενή-
σεται· στέφανοι δέ, καὶ ἀτέλειαι, καὶ σιτήσεις, καὶ τοιαῦτά
ἐστιν, ὧν ἄν τις, ἀνὴρ ἀγαθὸς ὤν, τύχοι[5]. Καὶ ταῦτ' ἀμφότερα
ὀρθῶς ἔχει, καὶ τὰ ἐκεῖ, καὶ τὰ παρ' ὑμῖν. Διὰ τί; ὅτι τὰς μὲν
διὰ τῶν ὀλίγων πολιτείας, τὸ πάντας ἔχειν ἴσον ἀλλήλοις τοὺς
τῶν κοινῶν κυρίους, ὁμονοεῖν ποιεῖ· τὴν δὲ τῶν δήμων ἐλευθε-

autre loi de Solon, qui passe pour une des plus belles : *Ne médis pas d'un mort, quand même tu serais injurié par ses enfants.* Toi, Leptine, tu ne dis pas du mal de ces illustres morts, bienfaiteurs d'Athènes; tu leur en fais, accusant tel citoyen, répétant que tel autre est un privilégié indigne : persécution injuste pour tous! N'est-ce pas là s'écarter entièrement de la pensée du législateur?

On m'a très-sérieusement annoncé que, pour *faire supprimer tous les dons, quels que fussent les services rendus,* nos adversaires ont préparé un argument de cette force : « Ni Lacédémone, dont le gouvernement est si sage, ni Thèbes, n'accordent à aucun de leurs enfants de pareilles récompenses : cependant ces États aussi comptent peut-être quelques bons citoyens. » Sous tous ces grands mots, ô Athéniens, je vois un aiguillon pour vous pousser à révoquer les dispenses; mais qu'expriment-ils de juste? rien. Est-ce que j'ignore que Thèbes, Sparte, Athènes, diffèrent et de lois, et de coutumes, et de gouvernement? La conduite même que ces gens-ci vont tenir, si tel doit être leur langage, serait un crime, et un grand crime, chez les Lacédémoniens. Là, il ne faut louer, il ne faut faire que ce qui maintient la constitution. D'ailleurs ce peuple, malgré son éloignement pour nos usages, accorde aussi des récompenses, mais bien différentes, mais telles qu'Athènes les repousserait à jamais de son sein. Quelles sont ces récompenses? Je n'en citerai qu'une, qui les résume toutes. Le Spartiate qui, pour sa conduite, a été admis, après examen, dans le corps appelé sénat, devient maître de ses concitoyens : car, à Lacédémone, le prix de la vertu est de partager l'autorité suprême avec un petit nombre d'égaux. Chez vous le peuple est souverain; les magistrats, les lois, veillent pour arrêter toute usurpation; et ce que peut atteindre le mérite, c'est une couronne, c'est une immunité, c'est la table du Prytanée. L'un et l'autre est bien ordonné, là-bas comme ici. Comment cela? c'est que, dans une oligarchie, l'égalité de pouvoir entre les chefs produit la con-

ρίαν ἡ τῶν ἀγαθῶν ἀνδρῶν ἅμιλλα. ἣν ἐπὶ ταῖς παρὰ τοῦ δήμου
δωρεαῖς πρὸς ἑαυτοὺς ποιοῦνται, φυλάττει. Καὶ μὴν περί γε τοῦ
μηδὲ Θηβαίους μηδένα τιμᾶν, ἐκεῖνο ἂν ἔχειν εἰπεῖν ἀληθὲς
οἶμαι. Μεῖζον, ὦ ἄνδρες Ἀθηναῖοι, Θηβαῖοι φρονοῦσιν ἐπ᾽ ὠμό-
τητι καὶ πονηρίᾳ, ἢ ὑμεῖς ἐπὶ φιλανθρωπίᾳ καὶ τῷ τὰ δίκαια
βούλεσθαι[1]. Μήτ᾽ οὖν ἐκεῖνοί ποτε παύσαιντο, εἰ ἄρα εὔξασθαι
δεῖ, τοὺς μὲν ἑαυτοὺς ἀγαθόν τι ποιοῦντας μήτε τιμῶντες, μήτε
θαυμάζοντες, τοὺς δὲ συγγενεῖς (ἴστε γὰρ ὃν τρόπον Ὀρχομε-
νίους διέθηκαν[2]) οὕτω μεταχειριζόμενοι· μήθ᾽ ὑμεῖς, τἀναντία
τούτοις, τοὺς μὲν εὐεργέτας τιμῶντες, παρὰ δὲ τῶν πολιτῶν
λόγῳ μετὰ τῶν νόμων τὰ δίκαια λαμβάνοντες. Ὅλως δ᾽ οἶμαι
τότε δεῖν τοὺς ἑτέρων ἐπαινεῖν νόμους καὶ ἔθη, τοῖς ὑμετέροις
ἐπιτιμῶντας, ὅταν ᾖ δεῖξαι βέλτιον ἐκείνους πράττοντας ὑμῶν·
ὅτε δ᾽ ὑμεῖς, καλῶς ποιοῦντες, καὶ κατὰ τὰς κοινὰς πράξεις,
καὶ κατὰ τὴν ὁμόνοιαν, καὶ κατὰ τἄλλα πάντα ἄμεινον ἐκείνων
πράττετε, τοῦ χάριν ἂν τῶν ὑμετέρων αὐτῶν ἐθῶν ὀλιγωροῦν-
τες, ἐκεῖνα διώκοιτε; Εἰ γὰρ καὶ κατὰ τὸν λογισμὸν ἐκεῖνα φανείη βελτίω, τῆς γε τύχης ἕνεκα, ᾗ παρὰ ταῦτα ἀγαθῇ κέχρη-
σθε, ἐπὶ τούτων ἄξιον μεῖναι[3]. Εἰ δὲ δεῖ παρὰ πάντα ταῦτ᾽
εἰπεῖν, ὃ δίκαιον ἡγοῦμαι, ἐκεῖνο ἔγωγ᾽ ἂν εἴποιμι. Οὐκ ἔστι
δίκαιον, ὦ ἄνδρες Ἀθηναῖοι, τοὺς Λακεδαιμονίων νόμους, οὐδὲ
τοὺς Θηβαίων λέγειν ἐπὶ τῷ τοὺς ἐνθάδε λυμαίνεσθαι· οὐδέ, δι᾽
ὧν μὲν ἐκεῖνοι μεγάλοι[4] εἰσί, κἂν ἀποκτεῖναι βούλεσθαι τὸν
παρ᾽ ἡμῖν τούτων τι κατασκευάσαντα· διὰ δ᾽ ὧν ὁ παρ᾽ ἡμῖν
δῆμος εὐδαίμων, ταῦτ᾽ ὡς ἀνελεῖν δεῖ, λεγόντων τινῶν ἐθέλειν
ἀκούειν.

Ἔστι τοίνυν τις πρόχειρος λόγος, ὡς « ἄρα καὶ παρ᾽ ἡμῖν ἐπὶ
τῶν προγόνων πόλλ᾽ ἀγαθὰ εἰργασμένοι τινὲς οὐδενὸς ἠξιοῦντο
τοιούτου, ἀλλ᾽ ἀγαπητῶς ἐπιγράμματος ἐν τοῖς ἑρμαῖς ἐτύγχα-
νον[5]. » καὶ ἴσως τοιοῦθ᾽ ὑμῖν ἀναγνώσεταί τι ἐπίγραμμα. Ἐγὼ
δ᾽ ἡγοῦμαι τοῦτον τὸν λόγον, ὦ ἄνδρες Ἀθηναῖοι, κατὰ πολλὰ
ἀσύμφορον εἶναι τῇ πόλει λέγεσθαι, πρὸς δὲ καὶ οὐ δίκαιον. Εἰ
μὲν γὰρ ἀναξίους εἶναί τις φήσει κἀκείνους τιμᾶσθαι, τίς ἄξιος,

corde; mais la liberté démocratique a pour sauvegarde l'émulation excitée entre les meilleurs citoyens par les récompenses populaires. Quant aux Thébains, qui ne récompensent personne, il est une vérité que je crois pouvoir dire ici : Thèbes, ô Athéniens, est plus fière de sa politique dure et coupable, que vous de votre humanité et de votre justice. Ah! s'il est un vœu à former, puissent les Thébains toujours refuser et honneurs et admiration à ceux qui leur font quelque bien! et leurs frères (car vous connaissez la conduite de Thèbes envers Orchomène), qu'ils continuent de les écraser! Vous, au contraire, rémunérez toujours les services, toujours aussi recevez de vos concitoyens, par la persuasion et d'après les lois, de justes récompenses. En général, il me semble qu'avant de louer les lois et les usages des autres peuples, avant de blâmer les vôtres, il faudrait pouvoir prouver que ces peuples sont plus heureux que vous. Mais puisque, grâce au ciel, pour les affaires publiques, pour la concorde, pour tout enfin, vous êtes plus florissants, à quel titre, dédaignant vos propres institutions, iriez-vous courir après celles d'autrui? Je suppose même la supériorité de celles-ci démontrée : avec les vôtres, la fortune vous a été prospère; il suffit, vous devez leur rester fidèles. S'il faut aller plus loin encore, permettez-moi d'ajouter une réflexion que je crois vraie : il est inique, ô mes concitoyens, de s'armer des lois de Sparte ou de Thèbes pour renverser celles d'Athènes, et de prêter l'oreille à ceux qui vous font un devoir d'anéantir les éléments de notre prospérité nationale, tandis que vous mettriez à mort le téméraire qui introduirait parmi nous une seule des institutions qui ont fait ces peuples si grands.

Écoutons une objection banale : « Chez nos ancêtres, le citoyen qui s'était souvent dévoué ne fut jamais élevé à de si hautes récompenses : heureux s'il obtenait une inscription sur un hermès! » Peut-être ira-t-on jusqu'à vous lire quelqu'une de ces inscriptions. A mon sens, un tel langage, ô Athéniens, nuit à l'État sous plus d'un rapport; et, d'ailleurs, il est faux. En effet, soutiendra-t-on que nul, parmi nos pères, ne fut digne des honneurs publics? qu'on

εἰπάτω[1]· εἰ δὲ μηδένα φήσει, συναχθεσθείην ἂν ἔγωγε τῇ πόλει,
εἰ μηδεὶς ἐν ἅπαντι τῷ χρόνῳ γέγονεν ἄξιος εὖ παθεῖν. Καὶ μήν,
εἴγε ὁμολογῶν ἐκείνους εἶναι σπουδαίους, μὴ τετυχηκότας δείξει
μηδενός, τῆς πόλεως ὡς ἀχαρίστου δήπου κατηγορεῖ. Ἔστι δ'
οὐχ οὕτω ταῦτ' ἔχοντα, οὐδὲ ὀλίγου δεῖν· ἀλλ' ἐπειδάν τις,
οἶμαι, κακουργῶν ἐπὶ μὴ προσήκοντα πράγματα τοὺς λόγους
μεταφέρῃ, δυσχερεῖς ἀνάγκη φαίνεσθαι[2]. Ὡς δὲ τἀληθές τ' ἔχει,
καὶ δίκαιόν ἐστι λέγειν, ἐγὼ πρὸς ὑμᾶς ἐρῶ. Ἦσαν, ὦ ἄνδρες
Ἀθηναῖοι, πολλοὶ τῶν πρότερον σπουδαῖοι, καὶ ἡ πόλις ἡμῶν
ἐτίμα καὶ τότε τοὺς ἀγαθούς· αἱ μέντοι τιμαὶ καὶ τἆλλα πάντα,
τὰ μὲν τότε, ἦν ἐπὶ τοῖς τότ' ἔθεσι, τὰ δὲ νῦν, ἐπὶ τοῖς νῦν.
Πρὸς οὖν τί τοῦτο λέγω; ὅτι φήσαιμ' ἂν ἔγωγε ἐκείνους οὐκ
ἔστιν ὅτου παρὰ τῆς πόλεως οὐ τυχεῖν, ὧν ἐβουλήθησαν. Τίνι
χρώμενος τεκμηρίῳ; ὅτι Λυσιμάχῳ δωρεάν, ἑνὶ τῶν τότε χρησίμων, ἑκατὸν μὲν ἐν Εὐβοίᾳ πλέθρα γῆς πεφυτευμένης ἔδοσαν,
ἑκατὸν δὲ ψιλῆς· ἔτι δὲ ἀργυρίου μνᾶς ἑκατόν, καὶ τέτταρας τῆς
ἡμέρας δραχμάς[3]. Καὶ τούτων ψήφισμά ἐστιν Ἀλκιβιάδου, ἐν ᾧ
ταῦτα γέγραπται. Τότε μὲν γὰρ ἡ πόλις ἡμῶν καὶ γῆς εὐπόρει
καὶ χρημάτων· νῦν δὲ εὐπορήσει· δεῖ γὰρ οὕτω λέγειν, καὶ μὴ
βλασφημεῖν. Καίτοι, τίν' οὐκ ἂν οἴεσθε νῦν τὸ τρίτον μέρος τούτων ἀντὶ τῆς ἀτελείας ἑλέσθαι; Ὅτι τοίνυν ταῦτ' ἀληθῆ λέγω,
λαβέ μοι τὸ ψήφισμα τουτί. Λέγε.

(ΨΗΦΙΣΜΑ.)

Ὅτι μὲν τοίνυν, ὦ ἄνδρες Ἀθηναῖοι, καὶ τοῖς προγόνοις ὑμῶν
ἔθος ἦν τοὺς χρηστοὺς τιμᾶν, δηλοῖ τὸ ψήφισμα τουτί· εἰ δὲ μὴ
τοῖς αὐτοῖς, οἷσπερ ἡμεῖς νῦν, ἕτερόν τι τοῦτ' ἂν εἴη. Εἰ τοίνυν
μήτε Λυσίμαχον μήτ' ἄλλον μηδένα μηδὲν εὑρῆσθαι παρὰ τῶν
προγόνων ὑμῶν συγχωρήσαιμεν, τί μᾶλλον, οἷς ἔδομεν νῦν
ἡμεῖς, διὰ τοῦτο δικαίως ἂν ἀφαιρεθεῖεν; Οὐ γὰρ οἱ μὴ δόντες,
ἃ μὴ δοκεῖ, δεινόν εἰσιν οὐδὲν εἰργασμένοι· ἀλλ' οἱ δόντες μέν,
πάλιν δ' ὕστερον, μηδὲν ἐγκαλοῦντες, ἀφαιρούμενοι. Εἰ μὲν γὰρ
τις ἔχει δεῖξαι, κἀκείνους ὧν ἔδοσάν τῳ τι τοῦτ' ἀφῃρημένους,

nous dise donc qui les mérite aujourd'hui. Si l'on répond : *Personne,*
ah ! je partagerai la douleur de ma patrie qui , pendant tant de
siècles , n'aura pu placer dignement une seule récompense ! En recon-
naissant qu'il y eut jadis des grands hommes, prétendra-t-on qu'ils ne
furent pas rémunérés ? ce serait accuser Athènes d'ingratitude. Mais
il n'en est rien , absolument rien. Déplacer perfidement la question
pour rapprocher des époques si différentes , c'est la pousser à l'ab-
surde. Ce qui est vrai , ce qui est juste , le voici. Il s'est rencontré
beaucoup de grands hommes avant nos jours, ô Athéniens , et, alors
aussi, notre république honorait la vertu. Mais les récompenses,
comme tout le reste, ont reçu un caractère ancien des anciennes
mœurs, moderne des mœurs modernes. Jusqu'où pousserai-je cette
observation ? jusqu'à oser affirmer qu'il n'est pas une faveur désir-
able que l'on ne pût obtenir autrefois de la république. Sur quelle
preuve m'appuierai-je ? Lysimaque, un des citoyens utiles de ce
temps-là, reçut cent plèthres de terrain planté dans l'Eubée , cent de
terre labourable , une somme de cent mines , et une pension de
quatre drachmes par jour. Il existe, à ce sujet , un décret d'Alcibiade, dans lequel ces détails sont consignés. Athènes alors était
riche en argent et en terres ; aujourd'hui, pour éviter les paroles
funestes, disons qu'elle le deviendra. Quoi qu'il en soit , qui ne pré-
férerait aux immunités le tiers de ces gratifications? Pour prouver
que je dis vrai , prends-moi ce décret, et lis.

(DÉCRET.)

Il est donc avéré par cet acte , ô Athéniens , que vos ancêtres aussi
étaient dans l'usage de récompenser les services. Leurs dons diffé
raient-ils des nôtres? c'est une autre question. Mais, quand j'accor-
derais que ni Lysimaque ni personne n'a rien obtenu de nos pères,
en serions-nous plus fondés à reprendre aujourd'hui nos propres
largesses ? On se rend coupable, non en ne donnant point lorsqu'on
ne le juge pas à propos, mais en retirant , sans motifs de plainte , ce
qu'on a donné. Montrez, chez nos aïeux , un seul exemple de ces

συγχωρῶ καὶ ὑμᾶς ταὐτὸ τοῦτο ποιῆσαι· καίτοι τόγε αἰσχρὸν ὁμοίως· εἰ δὲ μηδεὶς ἐν ἅπαντι τῷ χρόνῳ τοῦτ' ἔχει δεῖξαι γεγονός, τίνος εἵνεκα ἐφ' ἡμῶν πρῶτον καταδειχθείη τοιοῦτον ἔργον;

Χρὴ τοίνυν, ὦ ἄνδρες Ἀθηναῖοι, κἀκεῖνο ἐνθυμεῖσθαι καὶ ὁρᾶν, ὅτι νῦν ὀμωμοκότες κατὰ τοὺς νόμους δικάσειν ἥκετε[1], οὐχὶ τοὺς Λακεδαιμονίων, οὐδὲ τοὺς Θηβαίων, οὐδ' οἷς ποτε ἐχρήσαντο οἱ πρῶτοι τῶν προγόνων, ἀλλὰ καθ' οὓς ἔλαβον τὰς ἀτελείας οὓς ἀφαιρεῖται νῦν οὗτος τῷ νόμῳ· καὶ περὶ ὧν ἂν νόμοι μὴ ὦσι, γνώμη τῇ δικαιοτάτῃ κρινεῖν. Καλῶς. Τὸ τοίνυν τῆς γνώμης πρὸς ἅπαντα ἀνενέγκατε τὸν νόμον. Ἆρ' οὖν δίκαιον, ὦ ἄνδρες Ἀθηναῖοι, τοὺς εὐεργέτας τιμᾶν; δίκαιον. Τί δέ; ὅσ' ἂν δῷ τις ἅπαξ, δίκαιον ἔχειν ἐᾶν; δίκαιον. Ταῦτα τοίνυν αὐτοί τε ποιεῖτε, ἵνα εὐορκῆτε· καὶ τοὺς προγόνους, ὀργίζεσθε, ἐὰν μή τις φῇ ποιεῖν[2]· καὶ τοὺς τὰ τοιαῦτα λέγοντας παραδείγματα, ὡς ἄρα ἐκεῖνοι, μεγάλα εὖ παθόντες, οὐδένα ἐτίμησαν, καὶ πονηροὺς καὶ ἀπαιδεύτους ἡγεῖσθε εἶναι· πονηροὺς μέν, διότι καταψεύδονται τῶν προγόνων ὑμῶν, ὡς ἀχαρίστων· ἀμαθεῖς δέ, διότι ἐκεῖνο ἀγνοοῦσιν, ὅτι, εἰ τὰ μάλιστα ταῦθ' οὕτως εἶχεν, ἀρνεῖσθαι μᾶλλον ἢ λέγειν αὐτοῖς προσῆκεν[3].

Οἶμαι τοίνυν καὶ τοῦτον τὸν λόγον Λεπτίνην ἐρεῖν, ὡς τὰς εἰκόνας καὶ τὴν σίτησιν οὐκ ἀφαιρεῖται τῶν εἰληφότων ὁ νόμος, οὐδὲ τῆς πόλεως τὸ τιμᾶν τοὺς ὄντας ἀξίους· ἀλλ' ἐξέσται καὶ χαλκοῦς ἱστάναι, καὶ σίτησιν διδόναι, καὶ ἄλλ' ὅ τι ἂν βούλησθε, πλὴν τούτου. Ἐγὼ δ', ὑπὲρ ὧν μὲν τῇ πόλει καταλείπειν φήσει, τοσοῦτο λέγω· ὅτι, ἄν, ὧν ἐδώκατέ τῳ πρότερόν τι, τοῦτ' ἀφέλησθε, καὶ τὰς ὑπολοίπους ἀπίστους ποιήσετε πάσας δωρεάς. Τί γὰρ ἔσται πιστότερον τὸ τῆς εἰκόνος ἢ τὸ τῆς σιτήσεως, ἢ τὸ τῆς ἀτελείας, ἣν πρότερόν τισι δόντες ἀφῃρημένοι φανεῖσθε; Ἔτι δ', εἰ μηδὲν ἔμελλε τοῦτ' ἔσεσθαι δυςχερές, οὐδ' ἐκεῖνο καλῶς ἔχειν ἡγοῦμαι, εἰς τοιαύτην ἄγειν ἀνάγκην τὴν πόλιν, δι' ἧς ἢ ἅπαντας ἐξίσου τῶν αὐτῶν ἀξιώσει τοῖς τὰ μέγιστα εὐεργετοῦσιν, ἤ, μὴ τοῦτο ποιοῦσα, χάριν τισὶν οὐκ ἀποδώσει.

spoliations, et je vous le laisse suivre, malgré la honte, qui resterait la même. Mais si, dans aucun temps, vous ne rencontrez rien de pareil, pourquoi serions-nous les premiers à étaler un tel scandale?

Vous devez aussi, ô Athéniens, vous mettre dans l'esprit et sous les yeux que vous venez ici après avoir juré de juger, non pas conformément aux lois de Sparte ou de Thèbes, ni à celles des premiers auteurs de notre race, mais à celles qui ont permis d'accorder les dispenses qu'aujourd'hui cet homme enlève avec sa loi, après avoir juré de suppléer au silence du législateur par la stricte équité. Règle admirable! Appliquez donc la question d'équité à cette loi tout entière. Est-il juste, Athéniens, de récompenser les services? oui. Est-il juste de laisser ce qu'une fois on a donné? oui. Eh bien! agissez ainsi, pour obéir à votre serment. A l'objection tirée de la conduite différente de nos pères, répondez par votre courroux; et que ceux qui, vous les offrant pour modèles, avancent que, chez eux, le dévouement ne trouva jamais une récompense, soient à vos yeux des hommes méchants et grossiers : méchants, puisqu'ils calomnient vos ancêtres, dont ils font des ingrats; grossiers, puisqu'ils ignorent que, le fait fût-il vrai, il siérait mieux de le nier que de le produire.

Je crois entendre Leptine objecter que sa loi ne s'attaque ni aux statues, ni aux pensions, ni au droit qu'a la république de récompenser le mérite; que ces bronzes, cette table du Prytanée, et tous les prix qu'il vous plaira, peuvent encore être accordés, hormis les dispenses. Voyez, dira-t-il, ce que je laisse à l'État! Et moi, je réponds : En retirant à quelqu'un ce que vous lui avez donné, Athéniens, vous étendrez la méfiance sur toutes les grâces maintenues. Pourquoi, en effet, la faveur d'une statue ou d'une pension paraîtrait-elle plus stable que celle des immunités, dès qu'on vous aura vus révoquer ces dernières? D'ailleurs, quand cet inconvénient serait nul, je crois qu'il est mal de réduire l'État à l'alternative, ou d'élever tous ceux qui le servent au niveau de ses premiers bienfaiteurs, ou de laisser quelques services sans récompense. Les dévouements

Μεγάλων μὲν οὖν εὐεργεσιῶν οὔθ' ἡμῖν συμφέρει συμβαίνειν πολλάκις καιρόν, οὔτ' ἴσως ῥᾴδιον αἰτίῳ γενέσθαι[1]· μετρίων δὲ καὶ ὧν ἐν εἰρήνῃ τις καὶ πολιτείᾳ δύναιτ' ἂν ἐφικέσθαι, εὐνοίας, δικαιοσύνης, ἐπιμελείας, τῶν τοιούτων, καὶ συμφέρειν ἔμοιγε δοκεῖ καὶ χρῆναι διδόναι τὰς τιμάς. Δεῖ τοίνυν μεμερίσθαι καὶ τὰ τῶν δωρεῶν, ἵν', ἧς ἂν ἄξιος ὢν ἕκαστος φαίνηται, ταύτην παρὰ τοῦ δήμου λαμβάνῃ τὴν δωρεάν[2]. Ἀλλὰ μὴν ὑπὲρ ὧν γε τοῖς εὑρημένοις τὰς τιμὰς καταλείπειν φήσει, οἱ μὲν ἁπλᾶ πάνυ καὶ δίκαια ἂν εἴποιεν, πάνθ', ὅσα τῶν αὐτῶν ἕνεχ' αὑτοῖς ἔδοτ' εὐεργεσιῶν, ἀξιοῦντες ἔχειν· οἱ δέ, φενακίζειν τὸν ὡς καταλείπεται λέγοντά τι αὐτοῖς. Ὁ γὰρ ἄξια τῆς ἀτελείας εὖ πεποιηκέναι δόξας, καὶ ταύτην παρ' ὑμῶν λαβὼν τὴν τιμὴν μόνην, ἢ ξένος ἢ, καί τις πολίτης, ἐπειδὰν ἀφαιρεθῇ ταύτην, τίν' ἔχει· λοιπὴν δωρεάν, Λεπτίνη; οὐδεμίαν δήπου. Μὴ τοίνυν διὰ μὲν τοῦ τῶνδε κατηγορεῖν, ὡς φαύλων, ἐκείνους ἀφαιροῦ[3]· δι' ἃ δ' αὖ καταλείπειν ἐκείνοις φήσεις, τούσδε, ὃ μόνον λαβόντες ἔχουσι, τοῦτ' ἀφέλῃ. Ὡς δ' ἁπλῶς εἰπεῖν, οὐκ, εἰ τῶν πάντων ἀδικήσομέν τινα, ἢ μείζονα ἢ ἐλάττονα, δεινόν ἐστιν· ἀλλ' εἰ τὰς τιμάς, αἷς ἂν ἀντευποιήσωμέν τινας, ἀπίστους καταστήσομεν· οὐδ' ὁ πλεῖστος ἔμοιγε λόγος περὶ τῆς ἀτελείας ἐστίν· ἀλλ' ὑπὲρ τοῦ μὴ πονηρὸν ἔθος τὸν νόμον εἰσάγειν, καὶ τοιοῦτον, δι' οὗ πάντ' ἄπιστα, ὅσ' ὁ δῆμος δίδωσιν, ἔσται.

Ὃν τοίνυν κακουργότατον οἴονται λόγον εὑρηκέναι πρὸς τὸ τὰς ἀτελείας ὑμᾶς ἀφελέσθαι πεῖσαι, βέλτιόν ἐστι προειπεῖν, ἵνα μὴ λάθητε ἐξαπατηθέντες. Ἐροῦσι γάρ, ὅτι ταῦθ' ἱερῶν ἐστιν ἅπαντα τἀναλώματα· δεινὸν οὖν, εἰ τῶν ἱερῶν ἀτελής τις ἀφεθήσεται[4]. Ἐγὼ δέ, τὸ μέν τινας, οἷς ὁ δῆμος ἔδωκεν, ἀτελεῖς εἶναι τούτων, δίκαιον ἡγοῦμαι· ὃ δὲ νῦν οὗτοι ποιήσουσιν, ἐὰν ἄρα ταῦτα λέγωσι, τοῦτ' εἶναι δεινὸν νομίζω. Εἰ γάρ, ἃ κατὰ μηδέν' ἄλλον ἔχουσι τρόπον δεῖξαι δίκαιον ὑμᾶς ἀφελέσθαι, ταῦτ' ἐπὶ τῷ τῶν θεῶν ὀνόματι ποιεῖν ζητήσουσι[5], πῶς οὐκ ἀσεβέστατον ἔργον καὶ δεινότατον πράξουσιν; Χρὴ γάρ, ὡς γοῦν ἐμοὶ δοκεῖ, ὅσα τις πράττει τοὺς θεοὺς ἐπιφημίζων, τοιαῦτα

éclatants doivent, pour notre avantage, trouver rarement l'occasion
de naître, et peut-être ne sont-ils pas faciles. Mais les modestes
services auxquels s'élèvent sans effort, pendant la paix et dans l'administration, le zèle, l'intégrité, la vigilance, ne peuvent, dans notre intérêt, être trop fréquents; et il me semble qu'ils doivent être
rémunérés. Que les récompenses aient donc aussi leurs degrés :
par là, chacun recevra du peuple celle dont il paraîtra digne. Mais,
quand Leptine parlera de ce qu'il laisse aux hommes honorés de
vos faveurs, les uns pourront lui faire cette réponse, aussi simple
que solide : Nous réclamons le maintien de tous les prix de nos
services; les autres diront : Celui qui affirme que cette loi nous
laisse une seule récompense, est un imposteur. Un étranger, en
effet, même un citoyen, dont les services n'ont paru mériter que les
exemptions, et qui a reçu de vous ce seul honneur, quand il lui sera
retiré, quel autre don lui restera-t-il, ô Leptine? Parce que tu ac-
cuses ceux-ci comme peu dignes, ne va pas dépouiller ceux-là; sous
prétexte que tu n'as pas tout enlevé à l'un, n'arrache pas à l'autre
son unique salaire. En un mot, le danger n'est pas dans l'injustice
plus ou moins grande que nous ferons à un particulier : il est dans
le discrédit où tomberont les récompenses dont nous aurons payé
nos serviteurs. Un autre soin que celui des exemptions me travaille :
je crains que la loi n'introduise la funeste habitude de n'avoir foi à
aucune faveur populaire.

Nos adversaires ont encore inventé un argument trompeur par
lequel ils espèrent vous induire à supprimer les immunités : il est
bon de signaler le piége caché où ils vous attendent. Toutes ces
charges, diront-ils, appartiennent à la religion : or, la dispense
des obligations sacrées serait un aberration monstrueuse. A mes
yeux, Athéniens, la justice est dans le maintien des immunités conférées par le peuple; l'aberration, dans la conduite de tes hommes,
s'ils tiennent un tel langage. Les suppressions dont ils ne peuvent
établir l'équité par aucun autre moyen, comment s'efforceraient-ils
de les légitimer au nom des dieux, sans l'insulte la plus grave à

φαίνεσθαι, οἷα μηδ' ἄν, ἐπ' ἀνθρώπου πραχθέντα, πονηρὰ φανείη. Ὅτι δ' οὐκ ἔστι ταὐτὸν ἱερῶν ἀτέλειαν ἔχειν καὶ λειτουργιῶν, ἀλλ' οὗτοι τὸ τῶν λειτουργιῶν ὄνομα ἐπὶ τὸ τῶν ἱερῶν
μεταφέροντες, ἐξαπατᾶν ζητοῦσι, Λεπτίνην αὐτὸν ὑμῖν ἐγὼ
παρασχήσομαι μάρτυρα. Γράφων γὰρ ἀρχὴν τοῦ νόμου, Λεπτίνης εἶπε, φησίν, ὅπως ἂν οἱ πλουσιώτατοι λειτουργῶσιν, ἀτελῆ μηδένα εἶναι, πλὴν τῶν ἀφ' Ἁρμοδίου
καὶ Ἀριστογείτονος. Καίτοι, εἰ ἦν ἱερῶν ἀτέλειαν ἔχειν
ταὐτὸ καὶ λειτουργιῶν, τί τοῦτο μαθὼν προσέγραψεν; Οὐδὲ γὰρ
τούτοις ἀτέλεια τῶν γε ἱερῶν ἐστι δεδομένη. Ἵνα δὲ εἰδῆτε,
ὅτι ταῦτα τοῦτον ἔχει τὸν τρόπον, λαβέ μοι πρῶτον μὲν τῆς
στήλης τὰ ἀντίγραφα[1], εἶτα τὴν ἀρχὴν τοῦ νόμου τοῦ Λεπτίνου. Λέγε.

(ΑΝΤΙΓΡΑΦΑ ΣΤΗΛΗΣ.)

Ἀκούετε τῶν ἀντιγράφων τῆς στήλης, ὦ ἄνδρες Ἀθηναῖοι,
ἀτελεῖς αὐτοὺς εἶναι κελευόντων, πλὴν ἱερῶν. Λέγε δὴ τὴν ἀρχὴν τοῦ νόμου τοῦ Λεπτίνου.

(ΝΟΜΟΣ.)

Καλῶς, κατάθες. Γράψας, ὅπως ἂν οἱ πλουσιώτατοι
λειτουργῶσιν, μηδένα εἶναι ἀτελῆ, προσέγραψε, πλὴν
τῶν ἀφ' Ἁρμοδίου καὶ Ἀριστογείτονος. Τίνος εἵνεκα,
εἴγε τὸ τῶν ἱερῶν τέλος ἐστὶ λειτουργεῖν; Αὐτὸς γὰρ οὑτωσὶ τἀναντία τῇ στήλῃ γεγραφώς, ἂν ταῦτα λέγῃ, φανήσεται. Ἡδέως
δ' ἂν ἔγωγ' ἐροίμην Λεπτίνην, τίνος αὐτοῖς τὴν ἀτέλειαν, ἢ σὺ
νῦν καταλείπειν φήσεις, ἢ ἐκείνους τότε δοῦναι, τὰς λειτουργίας
ὅταν εἶναι φῇς ἱερῶν; Τῶν μὲν γὰρ εἰς τὸν πόλεμον πασῶν εἰσ-
φορῶν καὶ τριηραρχιῶν ἐκ τῶν παλαιῶν νόμων οὐκ εἰσὶν ἀτελεῖς·
τῶν δέ γε λειτουργιῶν, εἴπερ εἰσὶν ἱερῶν, οὐδ' ἔχουσιν. Ἀλλὰ
μὴν γέγραπταί γ' ἀτελεῖς αὐτοὺς εἶναι[2]. Τίνος; ἢ τοῦ μετοικίου;
τοῦτο γὰρ λοιπόν. Οὐ δήπου· ἀλλὰ τῶν ἐγκυκλίων λειτουργιῶν,
ὡς ἥ τε στήλη δηλοῖ, καὶ σὺ προσδιώρισας ἐν τῷ νόμῳ, καὶ μαρ-

la religion et au bon sens? Il faut, si je ne m'abuse, que toute
action faite pour le ciel paraisse aussi pure que si elle reposait sur
des motifs humains. Non, l'exemption des charges publiques n'est
pas la dispense des devoirs du culte; et appliquer à une subvention
pieuse le nom d'une obligation civile, c'est tendre un piége : j'en
appelle à Leptine lui-même. Voici les premiers mots de sa loi : *Attendu que les plus riches doivent s'acquitter des charges publiques,
nul n'en est dispensé, à l'exception des descendants d'Harmodius
et d'Aristogiton.* Or, si l'immunité religieuse et l'immunité civile sont
même chose, dans quel sens Leptine a-t-il ajouté cette exception?
car ces familles n'ont pas la dispense des obligations sacrées. Pour
confirmer ce que j'avance, prends d'abord l'inscription de la colonne,
puis les premières lignes de la loi de Leptine. Lis.

(INSCRIPTION DE LA COLONNE.)

Vous l'entendez, ô Athéniens, l'inscription excepte de cette dispense les charges du culte. Lis maintenant le commencement de la
loi.

(LOI.)

Bien, arrête. Après avoir écrit: *Attendu que les plus riches doivent s'acquitter des charges publiques, nul n'en est dispensé,*
Leptine ajoute, *à l'exception des descendants d'Harmodius et
d'Aristogiton.* Pourquoi cette clause, si une charge publique est
un impôt religieux? S'il le soutient, le texte de sa loi sera en contradiction manifeste avec l'inscription. Je demanderais volontiers à Leptine : Quelle dispense est maintenant laissée par toi à ces familles,
ou leur fut donnée par nos ancêtres, puisque les charges rentrent,
dis-tu, dans la religion ? Les anciennes lois ne les exemptent ni des
contributions de guerre, ni de l'armement des vaisseaux ; et, pour
les autres réquisitions, si le caractère en est sacré, elles n'ont pas
d'immunités. Toutefois, je lis qu'elles sont exemptes : de quoi donc?
de la taxe des métèques? car c'est là le reste. Non, sans doute.
Elles sont exemptes des charges périodiques, comme le déclare
l'inscription, comme tu l'as spécifié dans ta loi, comme l'attestent

τυρεῖ πᾶς ὁ πρὸ τοῦ χρόνος γεγονώς· ἐν ᾧ, τοσούτῳ τὸ πλῆθος
ὄντι, οὔτε φυλὴ πώποτε ἐνεγκεῖν ἐτόλμησεν οὐδεμία οὐδένα τῶν
ἀπ' ἐκείνων χορηγόν, οὔτ' ἐνεχθεὶς αὐτοῖς ἄλλος οὐδεὶς ἀντιδοῦ-
ναι[1]. Οἷς οὐκ ἀκουστέον ἂν ἐναντία τολμᾷ λέγειν.

Ἔτι τοίνυν ἴσως ἐπισύροντες ἐροῦσιν, ὡς Μεγαρεῖς καὶ Μεσ-
σήνιοί τινες εἶναι φάσκοντες, ἔπειτ' ἀτελεῖς εἰσιν, ἀθρόοι παμπληθεῖς ἄνθρωποι· καί τινες ἄλλοι, δοῦλοι καὶ μαστιγίαι, Λυχίδας, καὶ Διονύσιος, καὶ τοιοῦτοί τινες ἐξειλεγμένοι[2]. Ὑπὲρ δὴ
τούτων ὡδὶ ποιήσατε. Ὅταν ταῦτα λέγωσι, κελεύετε, εἴπερ
ἀληθῆ λέγουσι πρὸς ὑμᾶς, τὰ ψηφίσματα, ἐν οἷς ἀτελεῖς εἰσιν
οὗτοι, δεῖξαι. Οὐ γὰρ ἔστ' οὐδεὶς ἀτελὴς παρ' ὑμῖν, ὅτῳ μὴ ψήφισμα ἢ νόμος δέδωκε τὴν ἀτέλειαν. Πρόξενοι μέντοι πολλοὶ διὰ
τῶν πολιτευομένων γεγόνασι παρ' ὑμῖν τοιοῦτοι[3], ὧν εἷς ἐστιν ὁ
Λυχίδας· ἀλλ' ἕτερον πρόξενον ἔστ' εἶναι, καὶ ἀτέλειαν εὑρῆσθαι. Μὴ δὴ παραγόντων ὑμᾶς· μηδ', ὅτι δοῦλος ὢν ὁ Λυχίδας,
καὶ ὁ Διονύσιος, καί τις ἴσως ἄλλος, διὰ τοὺς μισθοῦ τὰ τοιαῦτα
γράφοντας ἑτοίμως, πρόξενοι γεγόνασι, διὰ τοῦθ' ἑτέρους ἀξίους,
καὶ ἐλευθέρους, καὶ πολλῶν ἀγαθῶν αἰτίους, ἃς ἔλαβον δικαίως
παρ' ὑμῶν δωρεάς, ἀφελέσθαι ζητούντων. Πῶς γὰρ οὐχὶ καὶ
κατὰ τοῦτο δεινότατ' ἂν πεπονθὼς ὁ Χαβρίας φανείη, εἰ μὴ μόνον ἐξαρκέσει τοῖς τὰ τοιαῦτα πολιτευομένοις τὸν ἐκείνου δοῦλον
Λυχίδαν πρόξενον ὑμέτερον πεποιηκέναι· ἀλλ' εἰ καὶ διὰ τοῦτον
πάλιν τῶν ἐκείνῳ τι δοθέντων ἀφέλοιντο, καὶ ταῦτ' αἰτίαν λέγοντες ψευδῆ; Οὐ γὰρ ἔστιν οὔθ' οὗτος, οὔτ' ἄλλος οὐδείς, πρό-
ξενος ὤν, ἀτελής, ὅτῳ μὴ διαρρήδην ἀτέλειαν ἔδωκεν ὁ δῆμος·
τούτοις δὲ οὐκ ἔδωκεν, οὐδ' ἕξουσιν οὗτοι δεικνύναι· λόγῳ δ' ἂν
ἀναισχυνθῶσιν, οὐχὶ καλῶς ποιήσουσιν.

Ὁ τοίνυν μάλιστα πάντων οἶμαι δεῖν ὑμᾶς, ὦ ἄνδρες Ἀθηναῖοι, φυλάξασθαι, τοῦτ' εἰπεῖν ἔτι βούλομαι. Εἰ γάρ τις πάνθ',
ὅσα Λεπτίνης ἐρεῖ περὶ τοῦ νόμου, διδάσκων ὑμᾶς ὡς καλῶς κεῖται, συγχωρήσειεν ἀληθῆ λέγειν αὐτόν, ἕν γε αἰσχρὸν οὐδ' ἄν,
εἴ τι γένοιτο, ἀναιρεθείη, ὃ συμβήσεται, διὰ τοῦ νόμου, κυρίου
γενομένου, τῇ πόλει. Τί οὖν τοῦτ' ἔστι; Τὸ δοκεῖν ἐξηπατηκέ-

tant d'années pendant lesquelles aucune tribu n'osa jamais porter
à la chorégie un seul membre de ces deux familles, ni aucun chorége désigné lui demander l'échange. Non, n'écoutez pas Leptine,
s'il ose dire le contraire.

Avec une légèreté insidieuse, on objectera peut-être encore que
des individus qui s'avouent Mégariens et Messéniens ont obtenu les
exemptions par masses; on en désignera d'autres avec choix, des
esclaves, des misérables flétris par le fouet, un Lycidas, un Denys,
et plusieurs de cette trempe. Ici, voici ce qu'il faut faire. Quand on
tiendra ce langage, ordonnez que, pour preuve, on vous montre les
actes législatifs où sont consignées ces immunités : car, chez vous,
toute exemption émane d'un décret ou d'une loi. Hôtes publics, à
la bonne heure : beaucoup de gens de rien, au nombre desquels est
Lycidas, ont, par vos ministres, obtenu ce titre ; mais autre est de
devenir proxène, autre de recevoir les immunités. Ne prenez pas
le change ; et, parce que l'esclave Lycidas, et Denys, et quelque
autre peut-être, grâce à ceux qui trafiquent de pareilles nominations,
sont devenus les hôtes d'Athènes, qu'on ne s'efforce point d'arracher vos justes récompenses à des hommes honorables, à des hommes libres, à vos bienfaiteurs. Et quel sanglant outrage pour Chabrias, si ces perfides gouvernants, non contents d'avoir fait d'un
Lycidas, son esclave, l'hôte de la république, enlevaient encore au
maître, à cause du serviteur, une partie de vos récompenses, et cela
sur une imposture ! Car ni ce Lycidas, ni aucun autre n'est dispensé
à titre de proxène : l'immunité est l'objet d'une concession expresse.
Or, le peuple ne la leur a point accordée ; on ne peut le prouver ;
et le soutenir effrontément serait un crime.

Je veux encore vous signaler, ô Athéniens, un mal qu'il faut principalement éviter. Quand on accorderait comme vrai tout ce que
dira Leptine pour démontrer la bonté de sa loi, elle n'en imprimera
pas moins, si vous la confirmez, une souillure ineffaçable au front
d'Athènes. Et quelle souillure ! Nous passerons pour avoir trompé

ναι τοὺς ἀγαθόν τι ποιήσαντας. Ὅτι μὲν τοίνυν τοῦθ᾽ ἕν τι τῶν αἰσχρῶν ἐστι, πάντας ἂν ἡγοῦμαι φῆσαι· ὅσῳ δ᾽ ὑμῖν τῶν ἄλλων αἴσχιον, ἀκούσατέ μου. Ἔστιν ὑμῖν νόμος ἀρχαῖος, τῶν καλῶς δοκούντων ἔχειν· ἐάν τις, ὑποσχόμενός τι, τὸν δῆμον ἐξαπατήσῃ, κρίνειν· κἂν ἁλῷ, θανάτῳ ζημιοῦν. Εἶτ᾽ οὐκ αἰσχύνεσθ᾽, ὦ ἄνδρες Ἀθηναῖοι, εἰ, ἐφ᾽ ᾧ τοῖς ἄλλοις θάνα- τον τὴν ζημίαν ἐτάξατε, τοῦτ᾽ αὐτοὶ ποιοῦντες φανήσεσθε; Καὶ μὴν πάντα μὲν εὐλαβεῖσθαι δεῖ ποιεῖν τὰ δοκοῦντα καὶ ὄντ᾽ αἰ- σχρά· μάλιστα δὲ ταῦτα, ἐφ᾽ οἷς τοῖς ἄλλοις χαλεπῶς τις ἔχων ὁρᾶται. Οὐδὲ γὰρ ἀμφισβήτησις καταλείπεται τὸ μὴ ταῦτα ποιεῖν, ἃ πονηρὰ αὐτὸς ἔκρινεν εἶναι πρότερον. Ἔτι τοίνυν ὑμᾶς κἀκεῖν᾽ εὐλαβεῖσθαι δεῖ, ὅπως μηδέν, ὧν ἰδίᾳ φυλάξαισθ᾽ ἄν, τοῦτο δημοσίᾳ ποιοῦντες φανήσεσθε [1]. Ὑμῶν τοίνυν οὐδ᾽ ἂν εἷς οὐδὲν ὧν ἰδίᾳ τινὶ δοίη, τοῦτ᾽ ἀφέλοιτο πάλιν, ἀλλ᾽ οὐδ᾽ ἐπιχει- ρήσειεν ἄν. Μὴ τοίνυν μηδὲ δημοσίᾳ τοῦτο ποιήσητε· ἀλλὰ κε- λεύετε τούτους τοὺς ἐροῦντας ὑπὲρ τοῦ νόμου, εἴ τινα τῶν εὑρη- μένων τὴν δωρεὰν ἀνάξιον εἶναί φασιν, ἢ μὴ πεποιηκότα ἐφ᾽ οἷς εὕρετο ἔχειν, ἢ ἄλλ᾽ ὁτιοῦν ἐγκαλοῦσί τινι, γράφεσθαι κατὰ τὸν νόμον, ὃν παρεισφέρομεν νῦν ἡμεῖς, ἢ θέντων ἡμῶν, ὥσπερ ἐγγυώμεθα, καὶ φαμὲν θήσειν, ἢ θέντας αὐτούς, ὅταν πρῶτον γένωνται νομοθέται [2]. Ἔστι δ᾽ ἑκάστῳ τις αὐτῶν, ὡς ἔοικεν, ἐχθρός· τῷ μὲν Διόφαντος, τῷ δ᾽ Εὔβουλος, τῷ δ᾽ ἴσως ἄλλος τις [3]. Εἰ δὲ τοῦτο φεύξονται καὶ μὴ ἐθελήσουσι ποιεῖν, σκοπεῖτε, ὦ ἄνδρες Ἀθηναῖοι, εἰ καλῶς ὑμῖν ἔχει, ἃ τούτων ἕκαστος ὀκνεῖ τοὺς ἐχθροὺς ἀφαιρούμενος ὀφθῆναι, ταῦθ᾽ ὑμᾶς τοὺς εὐεργέτας ἀφηρημένους φαίνεσθαι· καὶ τοὺς εὖ τι πεποιηκότας ὑμᾶς, οἷς οὐδεὶς ἂν ἐγκαλέσαι, νόμῳ τὰ δοθέντ᾽ ἀπολωλεκέναι δι᾽ ὑμῶν ἀθρόους, παρόν [4], εἴ τις ἄρ᾽ ἐστὶν ἀνάξιος, εἷς ἢ δύο ἢ πλείους, γραφῇ διὰ τούτων ταὐτὸ τοῦτο παθεῖν, κατ᾽ ἄνδρα κριθέντας. Ἐγὼ μὲν γὰρ οὐχ ὑπολαμβάνω ταῦτα καλῶς ἔχειν, οὐδέ γε ἀξίως ὑμῶν.

Καὶ μὴν οὐδ᾽ ἐκείνου γ᾽ ἀποστατέον τοῦ λόγου, ὅτι τῆς μὲν ἀξίας, ὅτ᾽ ἐδώκαμεν, ἣν δίκαιον τὴν ἐξέτασιν λαμβάνειν, ὅτε

ceux qui nous ont fait du bien. C'est là une grande turpitude, vous en conviendrez tous ; mais combien plus hideuse ici qu'ailleurs ! Écoutez. Vous avez une loi ancienne et fort estimée, ainsi conçue : *Celui qui aura forfait à ses engagements envers le peuple sera jugé ; s'il est convaincu, la mort.* Eh quoi ! le crime que vous punissez de mort dans autrui, vous ne rougirez pas, ô Athéniens, de le commettre ouvertement ? Cependant, le devoir est de fuir toute bassesse, apparente ou réelle, celle-là surtout que l'on poursuit hautement dans les autres : car il n'y a pas à balancer si l'on s'abstiendra d'une action, dès qu'on l'a soi-même condamnée. Évitez aussi, évitez scrupuleusement de paraître vous permettre comme citoyens ce que vous repousseriez comme hommes. Nul, parmi vous, ne reprendrait ce qu'il a donné ; il ne l'essayerait même pas. Peuple, ne révoque donc pas tes dons ! Si les défenseurs de la loi prétendent qu'il y a chez quelque privilégié une indignité fondée ou sur la nullité absolue des services récompensés, ou sur tout autre grief, enjoins-leur plutôt de l'accuser au nom de la loi contraire que nous présentons aujourd'hui, et qui sera portée soit par nous, qui nous y engageons, soit par eux-mêmes, dès qu'il y aura des nomothètes. Chacun d'eux, sans doute, a un ennemi, Diophante, Eubule, ou quelque autre. S'ils reculent, s'ils refusent d'agir, songez-y, Athéniens, serait-il honorable pour vous que des priviléges dont nul parmi eux n'ose dépouiller ses ennemis aux yeux de tous, fussent ostensiblement arrachés par vos mains à vos bienfaiteurs ; et que des serviteurs zélés, irréprochables, se vissent, par votre loi, privés en masse de leur salaire, tandis que nos adversaires peuvent, s'il se rencontre un ou deux indignes, même davantage, obtenir ce résultat par des dénonciations, par des procès individuels ? Dans mon opinion, cela serait mal, cela serait indigne d'Athènes.

Ne perdons pas de vue non plus ce motif : le moment de l'examen des titres était, en bonne justice, celui de la concession des privi-

τούτων οὐδεὶς ἀντεῖπε· μετὰ ταῦτα δ' ἐᾶν, εἴ τι μὴ πεπόνθατε
ὑπ' αὐτῶν ὕστερον κακόν. Εἰ δ' οὗτοι τοῦτο φήσουσι (δεῖξαι μὲν
γὰρ οὐχ ἕξουσι), δεῖ κεκολασμένους αὐτοὺς παρ' αὐτὰ τἀδική-
ματα φαίνεσθαι[1]· εἰ δέ, μηδενὸς ὄντος τοιούτου, τὸν νόμον ποιήσετε κύριον, δόξετε φθονήσαντες, οὐχὶ πονηροὺς λαβόντες, ἀφη-
ρῆσθαι. Ἔστι δὲ πάντα μέν, ὡς ἔπος εἰπεῖν, ὅσ' ἔστιν ὀνείδη
φευκτέον· τοῦτο δὲ πάντων μάλιστα, ὦ ἄνδρες Ἀθηναῖοι. Διὰ
τί; ὅτι παντάπασι φύσεως κακίας σημεῖόν ἐστιν ὁ φθόνος, καὶ
οὐκ ἔχει πρόφασιν, δι' ἣν ἂν τύχοι συγγνώμης ὁ τοῦτο πεπονθώς.
Εἶτα καὶ οὐδ' ἔστιν ὄνειδος, ὅτου πορρώτερόν ἐστιν ἡ πόλις
ἡμῶν, ἢ τοῦ φθονερὰ δοκεῖν εἶναι, πάντων ἀπέχουσα τῶν αἰσχρῶν. Τεκμήρια δὲ ἡλίκα τούτου, θεωρήσατε. Πρῶτον μὲν
μόνοι τῶν ἁπάντων ἀνθρώπων[2], ἐπὶ τοῖς τελευτήσασι δημοσίᾳ
τὰς ταφὰς ποιεῖσθε, καὶ λόγους ἐπιταφίους, ἐν οἷς κοσμεῖτε τὰ
τῶν ἀγαθῶν ἀνδρῶν ἔργα. Καίτοι τοῦτ' ἔστι τὸ ἐπιτήδευμα ζη-
λούντων ἀρετήν, οὐ τοῖς ἐπὶ ταύτῃ τιμωμένοις φθονούντων. Εἶτα
μεγίστας δίδοτ' ἐκ παντὸς τοῦ χρόνου δωρεὰς τοῖς τοὺς γυμνι-
κοὺς νικῶσιν ἀγῶνας, τοὺς στεφανίτας[3]· καὶ οὐχ, ὅτι τῇ φύσει
τούτων ὀλίγοις μέτεστιν, ἐφθονήσατε τοῖς ἔχουσιν, οὐδ' ἐλάττους
ἐνείματε τὰς τιμὰς διὰ ταῦτα. Πρὸς δὲ τούτοις τοιούτοις οὖσιν,
οὐδεὶς πώποτε τὴν πόλιν ἡμῶν εὖ ποιῶν δοκεῖ νικῆσαι· τοσαύτας ὑπερβολὰς τῶν δωρεῶν, αἷς ἀντευποιεῖ, παρέσχηται. Ἔστι
τοίνυν πάντα ταῦτ', ὦ ἄνδρες Ἀθηναῖοι, δικαιοσύνης, ἀρετῆς,
μεγαλοψυχίας ἐπιδείγματα. Μὴ τοίνυν, δι' ἃ πάλαι παρὰ πάντα
τὸν χρόνον ἡ πόλις εὐδοξεῖ, ταῦτ' ἀνέλητε νῦν· μηδ', ἵνα Λεπτίνης ἰδίᾳ τισίν, οἷς ἀηδῶς ἔχει, ἐπηρεάσῃ, τῆς πόλεως ἀφέλησθε
καὶ ὑμῶν αὐτῶν ἣν διὰ παντὸς ἀεὶ τοῦ χρόνου δόξαν κέκτησθε
καλήν· μηδ' ὑπολαμβάνετ' εἶναι τὸν ἀγῶνα τόνδ' ὑπὲρ ἄλλου τινός, ἢ τοῦ τῆς πόλεως ἀξιώματος, πότερον αὐτὸ δεῖ σῶν εἶναι
καὶ ὅμοιον τῷ προτέρῳ, ἢ μεθεστάναι καὶ λελυμάνθαι.

Πολλὰ δὲ θαυμάζων Λεπτίνου κατὰ τὸν νόμον, ἓν μάλιστα
τεθαύμακα πάντων· εἰ ἐκεῖνο ἠγνόηκεν, ὅτι, ὥσπερ ἂν εἴ τις
μεγάλας τὰς τιμωρίας τῶν ἀδικημάτων τάττοι, οὐκ ἂν αὐτός

léges, celui où nul de nos adversaires ne protesta ; mais, aujour-
d'hui, vous ne devez rien révoquer, à moins que les privilégiés ne
vous aient fait ensuite quelque tort. Leur adressera-t-on ce reproche ?
la preuve sera impossible ; et d'ailleurs, c'est à l'époque même où
ils furent coupables qu'il les fallait punir. Mais, s'il n'en est rien, et
que vous confirmiez la loi, on attribuera la suppression des immunités, à la certitude du crime ? non : à l'envie. Or, entre-tous les
vices ignobles, c'est celui-là qu'il faut surtout fuir, ô Athéniens.
Pourquoi ? parce que l'envie est la marque certaine d'un naturel mé-
chant ; parce que l'envieux ne peut rien alléguer qui l'excuse. D'ailleurs il n'est point de turpitude au-dessus de laquelle s'élève plus
haut notre république, qui abhorre tous les genres de bassesses.
Que de preuves vous en avez ! Voyez-les : seuls, entre tous les peuples, vous faites des funérailles publiques, et, dans des éloges funèbres, vous célébrez les exploits de nos braves ; noble usage, qui
révèle une nation enthousiaste de la vertu, incapable de lui envier
ses récompenses ! Vous accordez aussi, en tout temps, les plus
grands honneurs aux vainqueurs dans ces combats gymniques où l'on
décerne des couronnes ; et, bien que ces honneurs ne puissent s'é-
tendre au delà d'un petit nombre d'heureux, vous n'en êtes point
jaloux, vous n'en retranchez rien. Ajoutons que jamais Athènes ne
sembla vaincue en générosité : tant la grandeur de ses dons surpasse
les services reçus ! A tous ces traits, ô Athéniens, on ne reconnaît
que justice, vertu, magnanimité. N'enlevez donc pas aujourd'hui
à notre patrie ce qui, dans tous les siècles, a fait sa gloire ; et, pour
aider Leptine à outrager quelques citoyens qui lui déplaisent, n'ôtez
pas à la république, à vous-mêmes, la réputation d'honneur qui fut
toujours votre partage. Croyez que, dans ce combat judiciaire, il
ne s'agit de rien moins que de la dignité nationale : doit-elle se conserver pure ? la verrons-nous dégradée, anéantie ?

Parmi tant de choses qui, dans la loi de Leptine, excitent ma surprise, il en est une qui l'a portée au comble. A-t-il ignoré que si
établir des peines sévères contre les crimes, c'est paraître éloigné

γ' ἀδικεῖν παρεσκευάσθαι δόξαι, οὕτως, ἄν τις ἀναιρῇ τὰς τιμὰς τῶν εὐεργεσιῶν, οὐδὲν αὐτὸς ποιεῖν ἀγαθὸν παρεσκευάσθαι δόξει[1]. Εἰ μὲν τοίνυν ἠγνόησε ταῦτα (γένοιτο γὰρ ἂν καὶ τοῦτο), αὐτίκα δηλώσει· συγχωρήσεται γὰρ ὑμῖν λῦσαι, περὶ ὧν αὐτὸς ἥμαρτεν. Εἰ δὲ φανήσεται σπουδάζων καὶ διατεινόμενος κύριον ποιεῖν τὸν νόμον, ἐγὼ μὲν οὐκ ἔχω πῶς ἐπαινέσω, ψέγειν δ' οὐ βούλομαι. Μηδὲν οὖν φιλονείκει, Λεπτίνη, μηδὲ βιάζου τοιοῦτον, δι' οὗ μήτ' αὐτὸς δόξεις βελτίων εἶναι, μήθ' οἱ πεισθέντες σοι· ἄλλως τε καὶ γεγενημένου σοι τοῦ ἀγῶνος ἀκινδύνου. Διὰ γὰρ τὸ τελευτῆσαι Βάθιππον, τὸν τούτου πατέρ' Ἀφεψίωνος, ὃς αὐτὸν ἔτ' ὄντα ὑπεύθυνον ἐγράψατο, ἐξῆλθον οἱ τῆς κρίσεως χρόνοι[2]· καὶ νυνὶ περὶ αὐτοῦ τοῦ νόμου πᾶς ἐστιν ὁ λόγος, τούτῳ δ' οὐδείς ἐστι κίνδυνος. Καίτοι καὶ τοῦτ' ἀκούω σε λέγειν, ὡς ἄρα τρεῖς σέ τινες γραψάμενοι πρότεροι τοῦδε, οὐκ ἐπεξῆλθον. Εἰ μὲν τοίνυν ἐγκαλῶν αὐτοῖς λέγεις, ὅτι σε οὐ κατέστησαν εἰς κίνδυνον, φιλοκινδυνότατος εἶ πάντων ἀνθρώπων· εἰ δὲ τεκμήριον ποιῇ τοῦ τὰ δίκαια εἰρηκέναι, λίαν εὔηθες ποιεῖς. Τί γὰρ εἵνεκα τούτου βελτίων ἔσθ' ὁ νόμος, εἴ τις ἢ τετελεύτηκε τῶν γραψαμένων πρὶν εἰσελθεῖν, ἢ πεισθεὶς ὑπὸ σοῦ διεγράψατο, ἢ καὶ ὅλως ὑπὸ σοῦ παρεσκευάσθη; Ἀλλὰ ταῦτα μὲν οὐδὲ λέγειν καλόν.

Ἥρηνται δὲ τῷ νόμῳ σύνδικοι, καὶ μάλισθ' οἱ δεινοὶ λέγειν ἄνδρες, Λεωδάμας Ἀχαρνεύς, καὶ Ἀριστοφῶν Ἀζηνιεύς, καὶ Κηφισόδοτος ἐκ Κεραμέων, καὶ Δεινίας Ἐρχιεύς[3]. Ἃ δὴ πρὸς τούτους ὑπολαμβάνοιτ' ἂν εἰκότως, ἀκούσατε, καὶ σκοπεῖτε, ἂν ὑμῖν δίκαια φαίνηται.

Πρῶτον μὲν πρὸς Λεωδάμαντα. Οὗτος ἐγράψατο τὴν Χαβρίου δωρεάν, ἐν ᾗ τοῦτ' ἔνεστι (τὸ τῆς ἀτελείας) τῶν ἐκείνῳ τι δοθέντων, καὶ πρὸς ὑμᾶς εἰσελθὼν ἡττήθη. Οἱ νόμοι δὲ οὐκ ἐῶσι δὶς πρὸς τὸν αὐτὸν περὶ τῶν αὐτῶν, οὔτε δίκας, οὔτ' εὐθύνας, οὔτε διαδικασίαν, οὔτ' ἄλλο τοιοῦτον οὐδὲν εἶναι[4]. Χωρὶς δὲ τούτων, ἀτοπώτατον ἂν πάντων συμβαίη, εἰ τότε μὲν τὰ Χαβρίου παρ' ὑμῖν ἔργα μεῖζον ἴσχυε τῶν Λεωδάμαντος λόγων· ἐπειδὴ δὲ

d'en commettre, de même, supprimer les récompenses des services, c'est se montrer disposé à n'en rendre aucun? S'il l'a ignoré, chose possible, il le fera voir bientôt en vous laissant abolir une loi qui fut, de sa part, une erreur. Si, au contraire, il redouble d'efforts, s'il se roidit pour la rendre souveraine, je ne sais plus par où le louer, mais je m'abstiens de le blâmer. Ainsi, Leptine, point de contestation, point de violence, pour obtenir un succès qui n'honorerait ni toi ni ceux que tu aurais persuadés, surtout depuis que la lutte est pour toi sans péril. Par la mort du père d'Aphepsion, de Bathippe, qui avait accusé Leptine encore responsable, les délais pour le juger sont expirés. Il ne s'agit donc aujourd'hui que de la loi; son auteur est hors d'atteinte. Mais j'apprends que tu vas disant que les trois accusateurs, prédécesseurs d'Aphepsion, ont discontinué leurs poursuites. Que prétends-tu par là? Leur faire un crime de ne t'avoir pas exposé au péril? tu as donc, pour le péril, le plus ardent amour! Prouver la justice de ta cause? ce serait trop de simplicité. Quoi! ta loi en vaudrait mieux, parce qu'un de tes accusateurs est mort avant de comparaître; que tes séductions portèrent celui-ci à se désister; qu'entre toi et celui-là il y eut collusion? L'honorable défense!

On a choisi, pour syndics de la loi, des personnages fort éloquents, l'Acharnien Léodamas, Aristophon d'Azénia, Céphisodote du Céramique, Dinias d'Erchia. Écoutez, Athéniens, ce que vous auriez droit de leur objecter, et voyez si je parle juste.

Et d'abord, Léodamas. Il a attaqué les récompenses de Chabrias, dont les immunités faisaient partie; il a comparu devant vous; il a succombé. Or, contre le même accusé et sur le même fait, les lois ne permettent deux fois ni procès privé, ni action en reddition de comptes, ni demande en décharge, ni aucune poursuite judiciaire. Et d'ailleurs, les services de Chabrias ayant alors prévalu dans vos esprits sur les discours de Léodamas, aujourd'hui qu'à ces mêmes

ταῦτά θ᾽ ὑπάρχει, καὶ τὰ τῶν ἄλλων εὐεργετῶν προσγέγονε, τηνικαῦτα σύμπαντα ταῦτα ἀσθενέστερα τῶν τούτου λόγων γένοιτο.

Καὶ μὴν πρός γ᾽ Ἀριστοφῶντα πολλὰ καὶ δίκαι᾽ ἂν ἔχειν εἰπεῖν οἶμαι. Οὗτος εὕρετο τὴν δωρεὰν παρ᾽ ὑμῖν, ἐν ᾗ ᾖ τοῦτ᾽ ἐνῆν. Καὶ οὐ τοῦτ᾽ ἐπιτιμῶ· δεῖ γὰρ ἐφ᾽ ὑμῖν εἶναι διδόναι τὰ ὑμέτερ᾽ αὐτῶν οἷς ἂν βούλησθε. Ἀλλ᾽ ἐκεῖνό γε οὐχὶ δίκαιον εἶναί φημι, τό, ὅτε μὲν τοῦτ᾽ ἔμελλεν ὑπάρξειν λαβόντι, μηδὲν ἡγεῖσθαι δεινόν· ἐπειδὴ δὲ ἑτέροις δέδοται, τηνικαῦτ᾽ ἀγανακτεῖν, καὶ πείθειν ὑμᾶς ἀφελέσθαι. Καὶ μὴν καὶ Γελάρχῳ[1] πέντε τάλαντ᾽ ἀποδοῦναι γέγραφεν οὗτος, ὡς παρασχόντι τοῖς ἐν Πειραιεῖ τοῦ δήμου· καὶ καλῶς ἐποίει. Μὴ τοίνυν, ἃ μὲν ἦν ἀμάρτυρα[2], ταῦτ᾽ ἐπὶ τῇ τοῦ δήμου προφάσει διὰ σοῦ δεδόσθω· ὧν δ᾽ αὐτὸς ὁ δῆμος μαρτυρίας ἔστησεν, ἐν τοῖς ἱεροῖς ἀναγράψας, καὶ πάντες συνίσασι, ταῦτ᾽ ἀφελέσθαι παραίνει· μηδ᾽ ὁ αὐτὸς φαίνου τά τε ὀφειλόμενα ὡς ἀποδοῦναι δεῖ γράφων, καὶ ἅ τις παρὰ τοῦ δήμου κεκόμισται, ταῦτ᾽ ἀφελέσθαι παραινῶν.

Καὶ μὴν πρός γε Κηφισόδοτον, τοσοῦτ᾽ ἂν εἴποιμι. Οὗτός ἐστιν οὐδενὸς ἥττον, ὦ ἄνδρες Ἀθηναῖοι, τῶν λεγόντων δεινὸς εἰπεῖν. Πολὺ τοίνυν κάλλιον τῇ δεινότητι ταύτῃ χρῆσθαι ἐπὶ τὸ τοὺς ἀδικοῦντας ὑμᾶς κολάζειν, ἢ τοὺς ἀγαθοῦ τινος αἰτίους ἀδικεῖν. Εἰ γὰρ ἀπεχθάνεσθαί τισι δεῖ, τοῖς ἀδικοῦσι τὸν δῆμον, οὐ τοῖς ἀγαθόν τι ποιοῦσιν, ἔγωγε νομίζω δεῖν[3].

Πρὸς τοίνυν Δεινίαν. Οὗτος ἴσως ἐρεῖ τριηραρχίας αὑτοῦ, καὶ λειτουργίας. Ἐγὼ δ᾽, εἰ πολλοῦ τῇ πόλει Δεινίας ἄξιον αὑτὸν παρέσχηκεν, ὡς ἔμοιγε δοκεῖ, νὴ τοὺς θεούς, μᾶλλον ἂν παραινέσαιμι αὐτῷ τινα τιμὴν ὑμᾶς ἀξιοῦν δοῦναι, ἢ τὰς ἑτέροις πρότερον δοθείσας ἀφελέσθαι κελεύειν. Πολὺ γὰρ βελτίονος ἀνδρός ἐστιν, ἐφ᾽ οἷς αὐτὸς εὖ πεποίηκεν, ἀξιοῦν τιμᾶσθαι, ἤ, ἐφ᾽ οἷς ἕτεροι ποιήσαντες ἐτιμήθησαν, φθονεῖν.

Ὃ δὲ δὴ μέγιστον ἁπάντων, καὶ κοινὸν ὑπάρχει κατὰ πάντων τῶν συνδίκων· τούτων πολλάκις εἷς ἕκαστος πρότερόν τισι πράγμασι σύνδικος γέγονεν. Ἔστι δὲ καὶ μάλ᾽ ἔχων νόμος ὑμῖν κα-

services, toujours subsistants, se joignent ceux d'autres citoyens, quelle absurdité si tous ensemble pesaient moins que les paroles du même orateur !

Pour Aristophon, que de justes observations j'aurais à faire ! Il a obtenu de vous des grâces, et, dans ce nombre, des exemptions. Je ne vous en blâme point : au peuple appartient la libre dispensation des faveurs populaires. Mais n'avoir jadis rien vu de révoltant dans le privilége qu'on allait recevoir soi-même, puis s'irriter dès que ce privilége est accordé à d'autres, et vous pousser à les en dépouiller, voilà ce que j'appelle injustice. C'est lui, d'ailleurs, qui a proposé de rendre à Gélarque cinq talents qu'il avait prêtés aux démocrates réfugiés dans le Pirée. Je l'approuve ; mais, ô Aristophon, ou ne fais pas payer au nom du peuple, une dette contractée sans témoins ; ou ne conseille pas de révoquer des récompenses que le peuple lui-même fait attester et par les inscriptions de ses temples, et par le sentiment intime de tous les citoyens ; et qu'on ne voie point le même homme décrétant, comme un devoir, le remboursement d'un emprunt national, et demandant à la nation de reprendre ce qu'elle a donné.

Quant à Céphisodote, deux mots seulement. Il ne le cède en éloquence à aucun orateur ; mais il serait bien plus beau d'employer ce talent à poursuivre qui vous nuit, qu'à nuire à ceux qui vous servent. Si la haine est inévitable, préférons du moins celle des hommes coupables envers le peuple à celle de ses bienfaiteurs.

J'arrive à Dinias. Il se vantera peut-être des trirèmes qu'il a équipées, des charges qu'il a remplies. Pour moi, si Dinias (et, par les dieux ! je n'en doute point) a bien mérité de la république, je l'inviterais plutôt à réclamer pour lui-même des récompenses, qu'à exiger l'annulation de celles que d'autres ont obtenues. Oui, il sied mieux à un honnête homme de demander le prix de ses propres services, que d'envier aux services d'autrui leur honorable salaire.

Mais voici l'objection la plus forte, l'objection qui s'adresse à tous les syndics : déjà chacun d'eux a souvent rempli cette même fonction. Or, vous avez une loi très-sage, portée, non contre ces hommes,

λῶς, οὐκ ἐπὶ τούτοις τεθείς, ἀλλ' ἵνα μὴ τὸ πρᾶγμα ὥςπερ ἐργασία τισὶν ᾖ καὶ συκοφαντία· μὴ ἐξεῖναι ὑπὸ τοῦ δήμου χειροτονηθέντα πλεῖον ἢ ἅπαξ συνδικῆσαι. Τοὺς δὲ συνεροῦντας νόμῳ[1], καὶ διδάξοντας ὑμᾶς, ὡς ἐπιτήδειός ἐστιν, αὐτοὺς τοῖς ὑπάρχουσι νόμοις δεῖ πειθομένους φαίνεσθαι· εἰ δὲ μή, γελοῖον, νόμῳ μὲν συνδικεῖν, νόμον δ' αὐτοὺς παραβαίνειν ἕτερον. Ἀνάγνωθι λαβὼν τὸν νόμον αὐτοῖς, ὃν λέγω.

(ΝΟΜΟΣ.)

Οὗτος, ὦ ἄνδρες Ἀθηναῖοι, καὶ παλαιός ἐσθ' ὁ νόμος καὶ καλῶς ἔχων· ὅν, ἐὰν σωφρονῶσι, φυλάξονται παραβαίνειν οὗτοι.

Ἐγὼ δ', ἔτι μικρὰ πρὸς ὑμᾶς εἰπών, καταβήσομαι[2]. Ἔστι γάρ, ὦ ἄνδρες Ἀθηναῖοι, πάντας μὲν τοὺς νόμους ὑμῖν, ὡς ἐγὼ νομίζω, σπουδαστέον ὡς κάλλιστ' ἔχειν, μάλιστα δὲ τούτους, δι' ὧν ἢ μικρὰν ἢ μεγάλην ἔστ' εἶναι τὴν πόλιν. Εἰσὶ δὲ οὗτοι τίνες; οἵ τε τοῖς ἀγαθόν τι ποιοῦσι τὰς τιμὰς διδόντες, καὶ οἱ τοῖς τἀναντία πράττουσι τὰς τιμωρίας. Εἰ γὰρ ἅπαντες ὡς ἀληθῶς τὰς ἐν τοῖς νόμοις ζημίας φοβούμενοι, τοῦ κακόν τι ποιεῖν ἀποσταῖεν, καὶ πάντες, τὰς ἐπὶ ταῖς εὐεργεσίαις δωρεὰς ζηλώσαντες, ἃ χρὴ πράττειν προέλοιντο· τί κωλύει μεγίστην εἶναι τὴν πόλιν, καὶ πάντας χρηστούς, καὶ μηδέν' εἶναι πονηρόν; Ὁ τοίνυν νόμος οὗτος ὁ Λεπτίνου, οὐ μόνον, ὦ ἄνδρες Ἀθηναῖοι, τοῦτ' ἀδικεῖ, ὅτι τὰς τιμὰς ἀναιρῶν τῶν εὐεργεσιῶν, ἀχρεῖον τὴν ἐπιείκειαν τοῖς φιλοτιμεῖσθαι βουλομένοις καθίστησιν, ἀλλ' ὅτι καὶ παρανομίας δόξαν αἰσχίστην τῇ πόλει καταλείπει. Ἴστε γὰρ δήπου τοῦθ', ὅτι τῶν τὰ δεινόταθ' ἡμᾶς ἀδικούντων ἐν ἑκάστῳ τίμημα ὑπάρχει διὰ τὸν νόμον, ὃς διαρρήδην λέγει· μηδὲ[3] τίμημα ὑπάρχειν ἐπὶ κρίσει πλέον ἢ ἕν, ὁπότερον ἂν τὸ δικαστήριον τιμήσῃ, παθεῖν ἢ ἀποτῖσαι· ἀμφότερα δὲ μὴ ἐξέστω. Ἀλλ' οὐχ οὗτος ἐχρήσατο τούτῳ τῷ μέτρῳ· ἀλλ' ἐάν τις ἀπαιτήσῃ χάριν ὑμᾶς, ἄτιμος ἔστω, φησί, καὶ ἡ οὐσία δημοσία ἔστω· δύο τιμήματα ταῦτα·

mais pour que le syndicat ne dégénère point en métier, en trafic d'impostures : *elle défend au syndic nommé par le peuple d'exercer plus d'une fois.* Des hommes réunis pour maintenir une loi, pour en prouver l'utilité, doivent se montrer eux-mêmes soumis à la législation existante. Sinon, défenseurs de l'une de ses parties, transgresseurs d'une autre, ils joueraient un rôle ridicule. Prends et lis la loi dont je parle.

(LOI.)

C'est là, ô Athéniens, une ancienne et prudente loi ; et nos adversaires seront peut-être assez modérés pour se garder de l'enfreindre.

Encore quelques mots, et je descends. Vous devez perfectionner toutes vos lois autant qu'il est possible, celles-là surtout d'où dépend l'élévation ou l'abaissement de la république. Or, quelles sont ces lois? Celles qui récompensent le dévouement, celles qui punissent la trahison. En effet, s'il est bien vrai que la crainte des peines légales détourne tous les citoyens de nuire à la patrie; si l'émulation, produite par les faveurs réservées aux services, les range tous sur la ligne du devoir, qui empêchera qu'Athènes ne devienne très-florissante, qu'elle ne compte que des enfants dévoués, et pas un traître? Mais la loi de Leptine, ô Athéniens, déjà funeste en ce que la suppression des honneurs dus au patriotisme frappe de stérilité la noble ambition de vous servir, l'est encore parce qu'elle lègue à la république la honte qui s'attache à l'illégalité. Le coupable du crime de lèse-nation n'encourt, vous le savez, qu'une seule peine, d'après le langage formel d'une loi : *La condamnation ne donnera pas lieu à plus d'une peine, afflictive ou pécuniaire, au choix du tribunal. Il est défendu de les prononcer concurremment.* Cet homme ne s'est pas renfermé dans de telles limites : mais quelqu'un demande-t-il une récompense? *Qu'il soit dégradé,* dit-il; *que ses biens soient confis-*

εἶναι δὲ καὶ ἐνδείξεις καὶ ἀπαγωγάς[1]· ἐὰν δὲ ἁλῷ, ἔνοχος ἔστω τῷ νόμῳ, ὃς κεῖται, ἐάν τις ὀφείλων ἄρχῃ τῷ δημοσίῳ[2]. Θάνατον λέγει· τοῦτο γάρ ἐστ᾽ ἐπ᾽ ἐκείνῳ τὸ ἐπιτίμιον· οὐκοῦν τρία τιμήματα ταῦτα; Πῶς οὖν οὐ σχέτλιον καὶ δεινόν, ὦ ἄνδρες Ἀθηναῖοι, εἰ χαλεπώτερον εἶναι παρ᾽ ὑμῖν δόξει, χάριν εὖ ποιήσαντ᾽ ἀπαιτεῖν, ἢ τὰ δεινότατ᾽ ἐργαζόμενον ληφθῆναι;

Αἰσχρός, ὦ ἄνδρες Ἀθηναῖοι, καὶ κακῶς ἔχων ὁ νόμος, καὶ ὅμοιος φθόνῳ τινὶ καὶ φιλονεικίᾳ, καὶ τὸ λοιπὸν ἐῶ. Τοιούτοις δέ τισι προσέοικεν ὁ γράφων χρῆσθαι· ὑμῖν δ᾽ οὐχὶ πρέπει τὰ τοιαῦτα μιμεῖσθαι, οὐδ᾽ ἀνάξια φαίνεσθαι φρονοῦντας ὑμῶν αὐτῶν. Φέρε γὰρ πρὸς Διός, τί μάλιστ᾽ ἂν ἀπευξαίμεθα πάντες; καὶ τί μάλιστ᾽ ἐν ἅπασι διεσπούδασται τοῖς νόμοις; Ὅπως μὴ γενήσονται οἱ περὶ ἀλλήλους φόνοι· περὶ ὧν ἐξαίρετος ἡ βουλὴ φύλαξ ἡ ἐν Ἀρείῳ πάγῳ τέτακται. Ἐν τοίνυν τοῖς περὶ τούτων νόμοις ὁ Δράκων[3] φοβερὸν κατασκευάζων καὶ δεινὸν τό τινα αὐτόχειρ᾽ ἄλλον ἄλλου γίγνεσθαι, καὶ γράφων χέρνιβος εἴργεσθαι τὸν ἀνδροφόνον, σπονδῶν, κρατήρων, ἱερῶν, ἀγορᾶς, πάντα τἆλλα διελθών, οἷς μάλιστ᾽ ἄν τινας ᾤετο ἐπισχεῖν τοῦ τοιούτόν τι ποιεῖν, ὅμως οὐκ ἀφείλετο τὴν τοῦ δικαίου τάξιν, ἀλλ᾽ ἔθηκεν ἐφ᾽ οἷς ἐξεῖναι ἀποκτιννύναι· κἂν οὕτω τις δράσῃ, καθαρὸν διώρισεν εἶναι. Εἶτ᾽ ἀποκτεῖναι μὲν δικαίως, ἔν γε τοῖς παρ᾽ ὑμῖν νόμοις, ἐξέσται· χάριν δ᾽ ἀπαιτεῖν οὔτε δικαίως, οὔθ᾽ ὁπωσοῦν διὰ τὸν τούτου νόμον; Μηδαμῶς, ὦ ἄνδρες Ἀθηναῖοι, μὴ βούλεσθε δοκεῖν πλείω πεποιῆσθαι σπουδήν, ὅπως μηδενὶ τῶν εὖ τι ποιούντων ὑμᾶς χάριν ἐξέσται κομίσασθαι, ἢ ὅπως μηδεὶς φόνος ἐν τῇ πόλει γενήσεται. Ἀλλ᾽ ἀναμνησθέντες τῶν καιρῶν, παρ᾽ οὓς εὖ πεπονθότες εὖ πεποιήκατε τοὺς εὑρομένους, καὶ τῆς Δημοφάντου στήλης[4], περὶ ἧς εἶπε Φορμίων, ἐν ᾗ γέγραπται καὶ ὀμώμοται· ἄν τις ἀμύνων τι πάθῃ τῇ δημοκρατίᾳ, τὰς αὐτὰς δώσειν δωρεάς, ἅσπερ Ἁρμοδίῳ καὶ Ἀριστογείτονι[5]· καταψηφίσασθε τοῦ νόμου. Οὐ γὰρ ἔνεστ᾽ εὐορκεῖν, εἰ μὴ τοῦτο ποιήσετε.

qués. Voilà deux peines. *Il sera dénoncé, traîné devant les tribu-*
naux ; et, s'il est convaincu, on lui appliquera la loi portée contre
les magistrats débiteurs du trésor. C'est-à-dire, la mort ; car telle est
la punition de ce crime. Voilà donc une triple pénalité. Ainsi, chez
les Athéniens, il paraîtra plus dangereux de solliciter leur reconnaissance, que d'être convaincu des plus graves attentats ! Quelle atroce
rigueur !

Cette ignoble loi, ô mes concitoyens, est une œuvre mauvaise ;
elle semble jalouse et tracassière : ici je m'arrête. On croirait que son
auteur connaît ces passions. Mais vous, il ne vous convient pas de
l'imiter, ni de montrer des sentiments indignes de vous-mêmes. Car,
au nom des dieux ! quel est le crime qu'Athènes entière abhorre le
plus, et qui a éveillé toute la sollicitude de ses lois? C'est le meurtre,
objet spécialement confié à la vigilance de l'Aréopage. Dracon, qui,
dans sa législation sur cette matière, voulant inspirer pour l'homicide
la plus vive horreur, exclut le meurtrier de l'eau lustrale, des liba-
tions, des vases sacrés, des temples, de la place publique ; Dracon,
qui étale tout l'appareil des peines qu'il croit les plus propres à dé-
tourner d'un tel attentat, a fait cependant la part de l'innocence, et
déterminé les cas où le meurtre sera toléré, où son auteur sera pur
de crime. Tuer sera donc permis par vos lois ; et demander une récompense sera, sans exception, défendu par la loi de Leptine! Non,
non, Athéniens ; qu'il ne soit pas dit que vous êtes plus attentifs à
priver de la reconnaissance nationale des services signalés, qu'à prévenir les assassinats. Rappelez-vous les circonstances où vous rendîtes,
par les immunités, bienfait pour bienfait ; rappelez-vous la colonne
de Démophante, dont Phormion a parlé, sur laquelle est gravé ce
serment : *Tout citoyen mort pour la défense de la démocratie, re-*
cevra les mêmes récompenses qu'Harmodius et Aristogiton ; et re-
jetez par votre sentence une loi dont le maintien vous rendrait
parjures.

Παρὰ πάντα δὲ ταῦτα, ἐκεῖνο ἔτι ἀκούσατέ μου. Οὐκ ἔνι τοῦτον ἔχειν καλῶς τὸν νόμον, ὃς περὶ τῶν παρεληλυθότων καὶ μελλόντων οὐ ταὐτὰ λέγει. Μηδένα εἶναι, φησίν, ἀτελῆ, πλὴν τῶν ἀφ' Ἁρμοδίου καὶ Ἀριστογείτονος. Καλῶς. Μηδὲ τὸ λοιπὸν ἐξεῖναι δοῦναι. Μηδ', ἂν τοιοῦτοί τινες γένωνται, Λεπτίνη; Εἰ τὰ πρὸ τοῦ μὴ κατεμέμφου, τί μὴ καὶ τὰ μέλλοντα ᾔδεις[1]; «Ὅτι, νὴ Δία, πόρρω τοῦ τι τοιοῦτον ἐλπίζειν νῦν ἐσμεν. » Καὶ εἴημέν γε, ὦ ἄνδρες Ἀθηναῖοι. Ἀλλὰ χρή γε ἀνθρώπους ὄντας τοιαῦτα καὶ λέγειν καὶ νομοθετεῖν, οἷς μηδεὶς ἂν νεμεσήσαι· καὶ τἀγαθὰ μὲν προσδοκᾷν, καὶ τοῖς θεοῖς εὔχεσθαι διδόναι, πάντα δ' ἀνθρώπινα ἡγεῖσθαι. Οὐδὲ γὰρ ἂν Λακεδαιμόνιοί ποτ' ἤλπισαν εἰς τοιαῦτα πράγματ' ἀφίξεσθαι[2]· οὐδέ γε ἴσως Συρακούσιοι, τὸ πάλαι δημοκρατούμενοι, καὶ φόρους Καρχηδονίους πραττόμενοι, καὶ πάντων τῶν περὶ αὐτοὺς ἀρχόντες, καὶ ναυμαχίᾳ νενικηκότες ἡμᾶς, ὑφ' ἑνὸς γραμματέως, ὃς ὑπηρέτης ἦν, ὥς φασι, τυραννηθήσεσθαι. Οὐδέ γε ὁ νῦν ὢν Διονύσιος ἤλπισεν ἄν ποτ' ἴσως πλοίῳ στρογγύλῳ καὶ στρατιώταις ὀλίγοις Δίωνα ἐλθόντα ἐπ' αὐτὸν ἐκβαλεῖν τὸν τριήρεις πολλὰς καὶ ξένους καὶ πόλεις κεκτημένον. Ἀλλ', οἶμαι, τὸ μέλλον ἄδηλον πᾶσιν ἀνθρώποις, καὶ μικροὶ καιροὶ μεγάλων πραγμάτων αἴτιοι γίγνονται. Διὸ δεῖ μετριάζειν ἐν ταῖς εὐπραξίαις, καὶ προορωμένους τὸ μέλλον φαίνεσθαι[3].

Πολλὰ δ' ἄν τις ἔχοι λέγειν ἔτι καὶ διεξιέναι, περὶ τοῦ μηδαμῇ, μηδὲ καθ' ἕν, τοῦτον ἔχειν καλῶς τὸν νόμον, μηδὲ συμφέρειν ὑμῖν· ἀλλ', ἵν' ἐν κεφαλαίῳ τοῦτο μάθητε, κἀγὼ παύσωμαι λέγων, ὡδὶ ποιήσατε. Σκέψασθε παρ' ἄλληλα καὶ λογίσασθε πρὸς ὑμᾶς αὐτούς, τί συμβήσεται καταψηφισαμένοις ὑμῖν τοῦ νόμου, καὶ τί μή· εἶτα φυλάττετε καὶ μέμνησθε, ἃ ἂν ὑμῖν ἐξ ἑκατέρου φανῇ, ἵνα ἕλησθε τὰ κρείττω. Ἂν μὲν τοίνυν καταψηφίσησθε, ὥσπερ ἡμεῖς κελεύομεν, οἱ μὲν ἄξιοι τὰ δίκαια παρ' ὑμῶν ἕξουσιν[4]· εἰ δέ τίς ἐστ' ἀνάξιος, ὡς ἔστω, πρὸς τῷ τὴν δωρεὰν ἀφαιρεθῆναι, δίκην, ἣν ἂν ὑμῖν δοκῇ, δώσει κατὰ τὸν παρεισενηνεγμένον νόμον· ἡ δὲ πόλις πιστή, δικαία, πρὸς ἅπαντ'

A toutes ces considérations j'en ajoute une nouvelle : écoutez-moi. Une loi ne saurait être bonne , si elle dispose autrement pour le passé que pour l'avenir. *Nul n'est dispensé, excepté les descendants d'Harmodius et d'Aristogiton.* Fort bien. *Désormais,* est-il dit encore, *il ne sera plus permis d'accorder des exemptions.* Quoi ! Leptine, pas même s'il se rencontrait d'autres Harmodius ? Si tu approuves les dispositions applicables au passé, pourquoi ne pas songer à l'avenir ? « Par Jupiter ! c'est que de telles conjonctures ne sont plus devant nous. » Puissent-elles ne jamais revenir, ô Athéniens ! Toutefois, vous êtes hommes ; par des paroles, par des lois présomptueuses, n'allez pas réveiller Némésis. Espérons le bonheur, demandons-le aux immortels, mais n'oublions pas que tout est fragile comme nous. Lacédémone se serait-elle jamais attendue à l'humiliation qu'elle subit ? Syracuse, cette ancienne démocratie qui rendit Carthage tributaire, domina sur tous ses voisins, vainquit les flottes d'Athènes, pensait-elle qu'un seul homme, un scribe, un valet, deviendrait son tyran ? Le Denys qui vit encore eût-il imaginé qu'avec une barque et une poignée de soldats, Dion le chasserait du trône, lui qui possédait tant de vaisseaux, de villes, de troupes étrangères ? Ah ! c'est que l'avenir est voilé à tous les hommes ; c'est que de petites causes opèrent de grandes révolutions : il faut donc se modérer dans la prospérité; il faut songer aux chances de l'avenir.

Que de raisons l'on pourrait encore exposer pour vous convaincre que, dans tous les cas possibles, la loi de Leptine est vicieuse et funeste ! Mais je me résume en deux mots, et mets fin à ce discours : Faites le parallèle des conséquences qu'entraînera la révocation ou la confirmation de cette loi ; puis gardez dans votre mémoire le résultat de cette comparaison, afin de choisir le meilleur parti. Si vous abrogez la loi, comme nous le conseillons, vos récompenses subsisteront pour ceux qui en sont dignes ; les indignes, et il en est, seront dépouillés ; de plus, ils subiront une peine prononcée à votre choix, en vertu de la loi que nous substituons ; et Athènes se montrera loyale,

ἀψευδὴς φανήσεται. Ἐὰν δ' ἀποψηφίσησθε, ὃ μὴ ποιήσατε, οἱ
μὲν χρηστοὶ διὰ τοὺς φαύλους ἀδικηθήσονται, οἱ δ' ἀνάξιοι συμ-
φορᾶς ἑτέροις αἴτιοι γενήσονται, δίκην δ' οὐδ' ἡντινοῦν αὐτοὶ δώ-
σουσιν· ἡ δὲ πόλις, τἀναντία ὧν εἶπον ἀρτίως, δόξει ἄπιστος,
φθονερά, φαύλη παρὰ πᾶσιν εἶναι.

Οὔκουν ἄξιον, ὦ ἄνδρες Ἀθηναῖοι, τοσαύτην βλασφημίαν ἀντὶ
καλῶν καὶ προσηκόντων ὑμῖν ἀγαθῶν ἑλέσθαι. Καὶ γὰρ ἕκαστος
ὑμῶν ἰδίᾳ μεθέξει τῆς δόξης τῶν κοινῇ γνωσθέντων. Οὐ γὰρ
ἀγνοεῖ γε τοῦτ' οὐδεὶς οὔτε τῶν περιεστηκότων οὔτε τῶν ἄλλων,
ὅτι ἐν μὲν τῷ δικαστηρίῳ Λεπτίνης πρὸς ἡμᾶς ἀγωνίζεται, ἐν δὲ
τῇ τῶν καθημένων ὑμῶν ἑνὸς ἑκάστου γνώμῃ φιλανθρωπία πρὸς
φθόνον, καὶ δικαιοσύνη πρὸς κακίαν, καὶ πάντα τὰ χρηστὰ πρὸς
τὰ πονηρότατ' ἀντιτάττεται[1]. Ὧν τοῖς βελτίοσι πειθόμενοι, καὶ
κατὰ ταῦθ' ἡμῖν θέμενοι τὴν ψῆφον, αὐτοί τε ἃ προσήκει δόξετ'
ἐγνωκέναι, καὶ τῇ πόλει τὰ κάλλιστα ἔσεσθ' ἐψηφισμένοι· κἂν
τις ἄρ' ἔλθῃ ποτὲ καιρός, οὐκ ἀπορήσετε τῶν ἐθελησόντων ὑπὲρ
ὑμῶν κινδυνεύειν.

Ὑπὲρ οὖν τούτων ἁπάντων οἶμαι δεῖν ὑμᾶς σπουδάζειν, καὶ
προσέχειν τὸν νοῦν, ὅπως μὴ βιασθῆτε ἁμαρτάνειν. Πολλὰ γὰρ
ὑμεῖς, ὦ ἄνδρες Ἀθηναῖοι, πολλάκις οὐκ ἐδιδάχθητε, ὡς ἔστι
δίκαια, ἀλλ' ἀφῃρέθητε ὑπὸ τῆς τῶν λεγόντων κραυγῆς καὶ βίας
καὶ ἀναισχυντίας. Ὃ μὴ πάθητε νῦν· οὐ γὰρ ἄξιον· ἀλλ' ἃ δίκαια
ἐγνώκατε, ταῦτα φυλάξατε καὶ μνημονεύετε, ἕως ἂν ψηφίσεσθε,
ἵν' εὔορκον θῆσθε τὴν ψῆφον κατὰ τῶν τὰ πονηρὰ συμβουλευόν-
των. Θαυμάζω δ' ἔγωγε, εἰ[2] τοῖς μὲν τὸ νόμισμα διαφθείρουσι
θάνατος παρ' ὑμῖν ἐστιν ἡ ζημία, τοῖς δ' ὅλην τὴν πόλιν κίβδη-
λον καὶ ἄπιστον ποιοῦσι λόγον δώσετε. Οὐ δήπου γε, ὦ Ζεῦ καὶ
θεοί[3].

Οὐκ οἶδ' ὅτι δεῖ πλείω λέγειν· οἶμαι γὰρ ὑμᾶς οὐδὲν ἀγνοεῖν
τῶν εἰρημένων.

juste, fidèle à toutes ses promesses. Si vous l'approuvez, ce qu'aux dieux ne plaise! les méchants feront peser une iniquité sur les bons; les indignes, auteurs du malheur des autres, demeureront impunis, et tous les peuples croiront Athènes perfide, envieuse, parjure.

N'acceptez pas, ô mes concitoyens, cette odieuse réputation en échange de votre renom, qui est sans tache : car la gloire ou la honte de votre commune décision rejaillira sur chacun de vous. Est-il un seul Athénien, présent ici ou absent, qui ne sache que la lutte de Leptine contre nous devant ce tribunal est, dans la pensée de chaque juge, la lutte de l'envie contre la générosité, de l'iniquité contre la justice, du vice enfin contre la vertu? Obéissant aux plus nobles impulsions, et nous donnant vos suffrages, vous prononcerez la sentence la plus juste, la plus honorable pour la république. Que l'heure du dévouement sonne alors, vous ne manquerez pas d'hommes prêts à s'exposer pour vous.

Toutes ces considérations exigent de vous une attention sérieuse. Craignez qu'on ne vous force à faillir. Que de décisions vous ont été arrachées, ô Athéniens, non par la conviction de leur justice, mais par les vociférations, les violences, l'effronterie des orateurs! Loin de vous aujourd'hui cette contrainte! il y va de votre honneur. Que les motifs dont vous avez reconnu la solidité ne quittent pas votre pensée jusqu'à l'instant du vote, afin que vous prononciez, d'après votre serment, contre de funestes conseillers. Eh quoi! vous punissez de mort l'homme coupable d'avoir altéré la monnaie; et l'orateur faussaire qui altère le caractère athénien, vous lui laisserez la parole! Non, mille fois non, par Jupiter et tous les dieux!

Je ne sache pas qu'il en faille dire davantage, car toutes mes paroles, sans doute, ont été comprises.

4.

NOTES.

Page 4 : 1. Ce discours est intitulé : πρὸς Λεπτίνην, et non κατὰ Λεπτίνου, parce qu'il s'adresse à Leptine contre sa loi, mais non contre sa personne. Les anciens le citent plus souvent sous le titre : περὶ τῶν Ἀτελείων, *des Immunités*.

— 2. Le texte dit seulement *la loi*, τὸν νόμον. Démosthène n'a pas besoin de dire quelle est cette loi, et il entre de plain-pied dans son sujet. Le plaidoyer de Phormion, qui venait de parler le premier, lui tenait lieu d'exorde, de division et de narration. — *Le fils de Chabrias*, jeune Athénien décrié pour ses mœurs dissolues, s'appelait Ctésippe. Démosthène, si l'on en croit Suidas, avait épousé sa mère. — Le mot τούτοις désigne Aphepsion, Phormion et Ctésippe, adversaires de la loi de Leptine.

— 3. La *Leptinienne* de Démosthène n'est guère qu'une longue *prolepse,* ou série de répliques anticipées ; et le caractère de ce discours, qui résultait sans doute du rang qu'il occupa dans les plaidoieries, se présente dès cette phrase.

— 4. Phormion, dit le scholiaste Ulpien, avait touché cet argument.

— 5. Οὕτως, « ainsi, » c'est-à-dire en inscrivant dans la loi la défense de dispenser à l'avenir personne des charges publiques.

Page 6 : 1. Au lieu de ὄντας, ne faudrait-il pas lire πάντας, par opposition avec τινάς, qui précède ? Dans la troisième phrase, on a déjà vu cette même opposition exprimée par τινῶν κατηγοροῦντα πάντας ἀφαιρεῖσθαι. — Un peu plus bas, les mots κατὰ τὸν τούτου λόγον se rapportent, non au plaidoyer de Leptine, qui n'a pas encore parlé, mais à un passage perdu des motifs ou du texte même de sa loi. Baiter et Vœmel lisent : κατὰ τὸν τούτων λόγον, « au dire de Leptine et de ses partisans. »

— 2. Les mots ἧς et ταύτης se rapportent à ἀτελείας, sous-entendu, et qui est virtuellement dans ἀτελής, un des derniers mots de la phrase précédente.

Page 8 : 1. Οἱ Τριάκοντα, les trente tyrans, appelés aussi *les Trente.* Isocrate raconte le même fait (*Aréop.* XXVIII), et fait monter la somme, comme Xénophon (*Hellén.* II, IV, 19) et Plutarque (*Lysandre*, XXI), à cent talents. Cet événement se rapporte aux deux premières années

de la xcɪv° olympiade (404 et 403 av. J. C.). Après leur défaite à Ægos-Potamos, les Athéniens s'étaient divisés en deux factions, l'une composée des Trente et des partisans de l'oligarchie, l'autre formant le parti populaire. Celle-ci, ayant Thrasybule à sa tête, s'empara du Pirée, et, de ce poste, elle attaqua les Trente, réduits bientôt après au nombre de dix. L'oligarchie vaincue, une loi d'oubli (μὴ μνησικακήσειν) fut jurée de part et d'autre ; et c'est là ce que Démosthène entend par les conventions, τὰ ὡμολογημένα.

— 2. Τῶν μέν, la faction démocratique ; τῶν δέ, la faction oligarchique.

— 3. Ἐξὸν ὑμῖν, « permis à vous, » tandis qu'il vous est permis. Sur cet emploi elliptique de ἐξόν, ἐνόν, παρόν, δοχοῦν, etc., voyez les *Idiotismes grecs* de Viger, 4ᵉ édition de Hermann, p. 329 et suiv. Cette locution a passé dans notre langue :

> Hélas ! *permis à vous* d'avoir cette pensée.
> — Oui, oui, *permis à moi.*
>   (*Tartufe*, acte II, sc. ɪv.)

Mais elle y énonce toujours une proposition principale.

Page 10 : 1. Le *per me licet* des Latins répond à la locution incidente ὡς ἐμοῦγε ἔνεκα ἔστω, que l'on retrouve plus littéralement reproduite dans cette tournure surannée : « Or, *comme ainsi soit* qu'entre les plus dangereux accidents qui puissent advenir à une république, etc. » (Étienne Pasquier, *Plaidoyer pour la ville d'Angoulême.*) « *Comme ainsi soit* qu'on ne puisse guérir une maladie, etc. » (Molière, *Pourceaugnac,* act. I, sc. ɪɪ.)

Page 12 : 1. Pour bien saisir le raisonnement de Démosthène, il faut faire attention que, dans cet alinéa, les mots λειτουργίαι et λειτουργήσουσιν ne désignent que les charges d'agrément, c'est-à-dire celles de *chorége,* de *gymnasiarque* et d'*hestiateur.* Voyez la note suivante.

— 2. La plupart des *liturgies,* ou charges publiques et gratuites, étaient ordinaires, et revenaient périodiquement (ἐγκύκλιοι λειτουργίαι). Reiske a imaginé pour les autres la dénomination de charges *commandées* (προςτακταί), parce qu'elles s'exerçaient dans certaines circonstances seulement, et en vertu d'un ordre spécial.

Les charges périodiques mentionnées dans ce discours sont :

1° La *chorégie,* qui avait pour objet la direction et l'entretien des

chœurs de danse et de chant, que l'on préparait pour la célébration des fêtes et l'amusement du peuple ;

2° La *gymnasiarchie*, qui consistait principalement dans la surveillance des écoles et des exercices auxquels se livrait la jeunesse sous la conduite des maîtres ;

3° L'*hestiasis*. Outre les grands repas publics, qui étaient aux frais de l'État, il y avait aussi les repas de fête des tribus. Ces derniers étaient donnés par un citoyen choisi parmi les plus riches de chaque tribu, et qui prenait le nom d'*hestiateur*.

On range parmi les charges commandées :

1° La *triérarchie*. C'était l'obligation de contribuer à l'armement et, au besoin, à la construction des vaisseaux de guerre. Cette liturgie était la plus onéreuse de toutes ;

2° L'*avance de l'impôt sur les biens*. Les États libres de la Grèce ne connaissaient point d'impôt foncier régulier. Athènes manquait-elle d'argent pour les préparatifs d'une guerre? on levait une capitation extraordinaire sur toutes les propriétés (εἰςφορά) ; mais cette taxe n'était pas une liturgie. Une section des plus riches citoyens avançait l'impôt foncier pour les propriétaires pauvres et retardataires : c'est cette avance (προεισφορά) qui entraînait avec elle la considération attachée aux magistratures onéreuses.

Les *métèques*, ou étrangers domiciliés, et les *isotèles*, ou étrangers jouissant en partie des droits civiques, furent soumis à quelques-unes de ces charges.

L'obligation aux liturgies, en général, avait lieu de deux années l'une, et supposait une fortune d'au moins 3 talents (un peu plus de 17 000 francs). Pour les plus onéreuses, la loi avait autorisé des associations d'imposés (συντέλειαι) ; et nul ne pouvait être contraint de remplir deux charges à la fois.

Parmi les nombreuses récompenses qu'Athènes décernait à ceux qui l'avaient bien servie, la dispense des charges (ἀτέλεια) était au premier rang. Cette dispense ne s'étendait jamais à la triérarchie ni à l'avance de l'impôt, parce que la sûreté publique aurait été compromise. Il n'y avait d'exception qu'en faveur des neuf archontes. Ces explications, présentées une fois pour toutes, nous ont semblé nécessaires pour l'intelligence d'une grande partie de la *Leptinienne*.

— 3. Sur Harmodius et Aristogiton, voyez une des dernières notes de ce discours.

— 4. La leçon de Reiske, ἢ δὶς τοσούτους, *decem*, adoptée par Auger, est arbitraire. Aucun manuscrit, dit Aug. Wolf, ne la présente, et le sens ne la demande pas. Dans cette même phrase, Baiter, sur l'autorité de trois manuscrits, lit : τοὺς λειτουργοῦντας, au lieu de τοὺς ἀεὶ λειτουργοῦντας, leçon vulgaire. Vœmel supprime aussi ἀεί.

Page 14 : 1. Le texte contient ici une contradiction apparente, que plusieurs traducteurs n'ont pas craint de renforcer. Démosthène vient de dire que le trésor était vide : ἐν κοινῷ μὲν μηδ'ὁτιοῦν ὑπάρχει τῇ πόλει, et, quelques lignes plus bas, il semble compter la richesse, πλούτου, parmi les avantages actuels de la république. Je crois qu'il n'y a pas contradiction, et que le participe ὄντοιν est ici pour εἰ avec l'indicatif. Démosthène fait une hypothèse. Sur cette construction, voyez la grammaire de Matthiæ, 508. Nous disons de même, *cela étant, que feriez-vous ?* pour, *si cela était*. Il ne faut donc ni changer comme on l'a fait, ὑπάρχει en ὑπάρξει, ni suivre le détour de la version latine : « Quum nunc reipublicæ duo bona *curanda sint*, etc. »

— 2. Les anciens critiques devaient être choqués de trouver dans la prose un vers hexamètre presque entier : ἡμῖν καὶ χρήματα πολλὰ γενέσθαι. Ce défaut est très-rare chez Démosthène. Si je ne devais éviter avec soin la périphrase, Racine m'aurait aidé à traduire πιστοῖς εἶναι καὶ βεβαίοις δοκεῖν διαμεῖναι :

> Dieu pourra vous montrer par d'importants bienfaits
> Que *sa parole est stable, et ne trompe jamais.*
> (*Athalie*, act. I, sc. 1.)

— 3. Ici le mot οὐδείς doit être entendu avec restriction : οὐδεὶς τῶν τοῦ τριηραρχεῖν ἄξια κεκτημένων, *nemo ex ditioribus*. Même restriction un peu plus bas. Dans la phrase suivante, les mots ὅστις ἂν ᾖ ne contredisent pas cette explication ; ils signifient seulement qu'*à tous les degrés de fortune, citoyens ou étrangers*, ceux qui sont compris dans le cens de l'armement naval ne peuvent en être exemptés. — *Ce riche.* Notre langue offre des équivalents de cet emploi du pronom οὗτος. Massillon : « Qui pourra se sauver ? *ce* fidèle qui, dans le relâchement de ces derniers temps, imite les premières mœurs des chrétiens. » (*Petit nombre des Élus.*) Rousseau : « Que fera donc, dans la bassesse, *ce* satrape que vous n'avez élevé que pour la grandeur ? Que fera donc, dans la pauvreté, *ce* publicain qui ne sait vivre que d'or ? Que fera, dépourvu de tout, *ce* fastueux im-

bécile qui ne sait point user de lui-même, et ne met son être que dans ce qui est étranger à lui? » (*Émile*, liv. III.)

Page 16 : 1. Cet ordre s'adresse au scribe ou greffier, γραμματεύς, du tribunal des nomothètes. — Baiter regarde comme suspecte cette citation d'une partie du texte de la loi.

— 2. Le texte signifie littéralement, « et ceux qui parviennent à être triérarques. » Comment y parviennent-ils? Par l'exemption de la charge de chorége. Les économies qui en ont résulté ont grossi leur fortune au point de les faire ranger dans la classe des armateurs de galères.

— 3. Ce passage, mal expliqué par le scholiaste Ulpien, a été très-controversé par les critiques modernes. Aug. Wolf et Schæfer rejettent l'explication d'Auger, qui n'a, de l'exactitude et de la clarté, que l'apparence. L'orateur a établi plus haut deux calculs, l'un réel, l'autre imaginaire et de concession. D'après le premier, les Athéniens, en abolissant les exemptions, gagneraient au plus dix contribuables pour remplir les charges d'agrément; d'après le second, ils en gagneraient, par hypothèse, trente. Le premier de ces résultats est le seul vrai dans l'opinion de Démosthène. Il est donc très-probable qu'il raisonne ici d'après ce calcul réel, abandonnant les concessions qu'il vient de faire. De là il suit, dit Schæfer (*Apparatus*, t. III, p. 110), que la loi de Leptine ajoutera tout au plus à chacune des dix tribus un seul chorége ou fournisseur. Peut-être même il n'y en aura qu'un par couple des dix tribus, δυοῖν φυλαῖν, ou de deux tribus l'une, c'est-à-dire cinq en tout. Cette rareté n'était pas sans exemple; car le chorége pour lequel Antiphon écrivit un plaidoyer représentait à la fois deux tribus, la Cécropide et l'Érecthéide. La suite du raisonnement de Démosthène prouve assez, d'ailleurs, que tout ceci s'applique et aux Athéniens, et aux étrangers domiciliés. Auger l'a reconnu; mais il n'a pas fait attention que le mot χορηγόν doit s'entendre ici dans son acception la plus vaste, *præbitorem*, « fournisseur gratuit pour toutes les charges d'agrément. » Cette explication est aussi celle de Markland.

— 4. Une classe favorisée de métèques portait le nom d'*isotélie* : la nature n'en est pas bien connue, à raison du manque de renseignements. Les isotèles avaient le droit de posséder des biens-fonds; sous le rapport des prestations et des impôts, ils étaient assimilés aux citoyens, comme l'indique l'expression par laquelle on les désignait; ils ne payaient point la taxe des métèques, et ne supportaient aucune des charges de ceux-ci, mais seulement celles des citoyens.

(Bœckh, *Économie polit. des Athén.*, l. IV, ch. x.) Le Cointe dit
que les *isotèles* avaient obtenu *la petite bourgeoisie*. Dans ce passage, ce sont particulièrement les métèques, ou étrangers domiciliés,
que désigne le mot ξένων.

Page 18 : 1. Leucon, successeur de Satyros, son père, régna sur
le Bosphore Cimmérien depuis ol. xcvi, 4, l'an 393 av. J. C., jusqu'à
ol. cvi, 4, 353, époque où son fils aîné, Spartocos III, monta sur le
trône. De tous les souverains de cette contrée, Leucon fut le plus
célèbre pour son bonheur et sa sagesse. Il donna son nom à la dynastie
des *Leuconiens*. Voyez Diodore de Sicile, XIV, xciii; Clinton, *Fast.*,
vol. II, p. 283; Bœckh, *Corp. Inscr.* vol. II, p. 93.

Ne résidant pas à Athènes, ce prince, que Démosthène, par bien-
séance, évite d'appeler τύραννον, était dispensé des charges publiques; mais certaines redevances, comme les droits de douane, dont
le peuple athénien l'avait exempté, pouvaient, dit Seager, être exigées
de lui d'après la loi de Leptine. Denys de Syracuse et ses fils, le chef
thrace Sitalcès, Évagoras, roi de Cypre, et même de simples particuliers domiciliés hors de l'Attique, obtinrent les mêmes franchises
que Leucon.

Prince de Bosphore, τὸν ἄρχοντα Βοσπόρου. Ces mots semblent
montrer aux Athéniens les vaisseaux qui leur amenaient du blé de
cette contrée. Ces transports privilégiés devenus plus rares, interdits
peut-être, par suite de l'annulation des privilèges de Leucon, la loi
de Leptine va affamer la république! (Ulpien.)

— 2. Lollianus, cité par Philostrate, son biographe, exprime ainsi
la même idée : « Une loi a fermé les bouches du Pont; pour couper
les vivres au peuple athénien, il a suffi de quelques syllabes; et Leptine, avec sa loi, a pu faire ce que fit Lysandre avec ses flottes! »
Et c'est dans Athènes même, non loin de la tribune aux harangues,
que le sophiste déclamait pompeusement cette parodie de l'éloquence
la plus mâle et la plus simple!

— 3. Χρώμεθα, « nous faisons usage, » non-seulement pour notre con-
sommation, mais aussi pour les marchés du Pirée et notre commerce
extérieur. Voyez Bœckh, *Écon. polit. des Athéniens*, l. I, ch. xv. —
Les autres places de commerce étaient la Sicile, Cypre, l'Eubée,
l'Égypte, la Libye, la Syrie et la Thrace. Ce qui était vrai du temps
de Démosthène, au sujet des riches moissons du Pont, est encore
vrai aujourd'hui dans cette partie de l'Anatolie. — Bœckh est peut-
être le seul critique qui ait exposé le vrai sens de cette phrase.

Plus bas, διὰ τὸ τὸν τόπον ἔχειν, et διὰ τὸ τὸν Λεύκωνα δεδωκέναι. Démosthène, nous l'avons déjà vu, fait un fréquent usage de cette construction. Quoiqu'elle semble étrangère au génie de notre langue, je la trouve dans La Bruyère, chapitre *des Biens de fortune :* « Vous le serez davantage par cette conduite que *par ne pas vous laisser voir.* »

— 4. Harpocration, au mot Σιτοφύλακες, cite un passage du traité *de la République d'Athènes* d'Aristote, ainsi rétabli par Bœckh, d'après les premières corrections de Valois : Ἦσαν δὲ τὸν ἀριθμὸν πάλαι μὲν τρεῖς, ὕστερον δὲ πεντεκαίδεκα· δέκα μὲν ἐν ἄστει, πέντε δὲ ἐν Πειραιεῖ. « Il y avait anciennement trois inspecteurs des grains ; plus tard on en établit quinze : dix dans la ville et cinq au Pirée. »

— 5. L'approvisionnement dont parle Démosthène était annuel. Le médimne, évalué en litres, valait 51,84. Pour les 400 000 médimnes, nous aurons donc 207 360 hectolitres. L'orateur décompose le total des 400 000 médimnes en deux sommes : 300 000 d'une part et 100 000 de l'autre. Sur la première somme, le droit de trentième perçu ordinairement par Leucon serait de 10 000 médimnes ; sur la seconde, il serait de 3 333. Ce dernier prélèvement n'est indiqué, dans le texte, que d'une manière approximative, commode pour la mémoire des auditeurs, ὡσπερανεὶ τρισχιλίους, *circiter tria millia.* Total réel : 13 333 médimnes, dont le prince de Bosphore fait remise chaque année au peuple athénien.

Démosthène, si sobre de mots, développait donc un calcul fort simple. Faut-il croire uniquement, avec Aug. Wolf, que ce fût *ut ea ratio accommodata esset etiam auditori arithmetices minus perito ?* Avec Schæfer, ne verrons-nous ici qu'un moyen adroit d'appuyer longtemps sur le service éminent rendu par Leucon à la république athénienne ? L'une de ces intentions n'exclut pas l'autre ; et l'habile orateur peut fort bien les avoir eues toutes les deux à la fois.

Un peu plus bas, le mot Βοσπόρου désigne, non un pays, mais une ville située sur le Bosphore Cimmérien. C'était, sous un autre nom, la fameuse Panticapée, aujourd'hui Kertch. (Pline, *H. N.,* IV, xii, 24.) — *Theudosie,* ou Théodosie, ancienne ville grecque, était une colonie milésienne du Pont. Leucon lui avait donné le nom de sa sœur ou de son épouse. (*Périple* anonyme *du Pont-Euxin ;* Ulpien.) Cette ville (aujourd'hui Kaffa) était au sud de Panticapée.

— 6. Le Cointe : *il y a deux ans.* Προπέρυσι signifie la troisième année avant celle dans laquelle on se trouve, ou depuis deux ans

révolus. Ce discours fut prononcé ol. cvi, 2, l'an 355 avant notre ère. Leucon régnait donc encore dans l'année 358, ol. cv, 3. Ainsi Schœll s'est trompé en plaçant à l'an 360, ol. cv, 1, l'avénement de Sparto- cos III, fils aîné de ce prince. L'erreur, ou la distraction, est d'autant plus manifeste que ce savant a reporté ce même fait plus bas à la date de l'ol. cvi, 4; 353. (*Table synthétique et chronologique;* t. VIII de l'*Hist. de la Litt. grecque.*) — *Il resta quinze talents.* « On peut demander, dit Bœckh, si, comme l'entendent les commen- tateurs, cet excédant était dû à ce qu'on n'employa pas ces quinze talents, faisant partie de l'argent destiné aux achats de blé, ou si simplement il resta comme profit pour l'État après la vente faite au peuple, en raison du bas prix auquel on avait acheté. » Cette der- nière interprétation n'est pas probable : dans cette démocratie athé- nienne, qui gaspillait le trésor pour ses plaisirs, comment le gouver- nement aurait-il gagné quinze talents (plus de 83 000 fr.) sur le pain du peuple? Je préfère donc le premier sens, qui devient plus clair si on lit; comme je le propose, τοσούτου, *tantulo*, au lieu de τοσοῦτον.

Page 20 : 1. Cette prohibition de la loi de Leptine, μηδ' ἐξεῖναι δοῦναι, ne manquait-elle pas de sanction? A la fois sujet et souve- rain, le peuple athénien ne pouvait-il pas toujours se rendre légale- ment à lui-même l'exercice d'un droit dont il s'était légalement privé? Non : l'Aréopage était là pour empêcher la multitude de revenir légè- rement sur sa propre décision. Leptine, d'ailleurs, liait les mains au peuple, en accumulant les peines les plus graves sur la tête de celui qui aurait demandé le rétablissement des immunités.

— 2. C'est-à-dire que Leucon, par représailles, retirera à vos pourvoyeurs l'exemption du droit de trentième et le privilége de pre- mier chargement.

— 3. « Aujourd'hui la banqueroute, la hideuse banqueroute est là ; elle menace de consumer vous, vos propriétés, votre honneur : et vous délibérez! » (Mirabeau, à l'assemblée Nationale, séance du 26 septembre 1789.)

— 4. Le mot Ἱερόν désigne un lieu de la Bithynie voisin du Bos- phore, ainsi nommé à cause d'un *temple* bâti là par les Argonautes, à leur départ pour la conquête de la toison d'or. (Ulpien.) Ce temple, devenu place d'entrepôt, était situé à l'entrée du Pont, κατὰ τὸ στόμα τοῦ Πόντου, *Schol.; in Ponti ore et angustiis,* Cic. *Verr.,* IV, LVII. Spon et Wheler nous ont conservé l'inscription de la statue de Ju- piter qui était dans ce lieu.

— 6. Le Cointe traduit : « Quel prétexte pourra alléguer celui que vous chargerez d'écrire le décret ? » Auger : « Que dira le citoyen qui portera un décret pour nous justifier ? » M. Jager : « Que dira l'auteur d'un décret dont l'objet serait de nous justifier ? » Il n'est pas question de décret : ici ψήφισμα désigne le *rescrit* ou la réponse que fera la république à Leucon. — « Ὅτι, νὴ Δία, κ. τ. λ. » Cette phrase, d'un ton familier et fréquent chez Démosthène, est comme la réponse d'un interlocuteur. Νὴ Δία, « parbleu! » vous voilà bien embarrassé! A. Wolf explique très-bien ce passage; mais il devait, comme Schæfer l'a remarqué, en retrancher le point d'interrogation. Baiter et Vœmel l'ont supprimé. Νὴ Δία a le même sens dans cet apophthegme de Plutarque : « J'accepterais les offres de Darius, dit Parménion, si j'étais Alexandre. — Et moi aussi, parbleu! répondit Alexandre, si j'étais Parménion : Κἀγώ, νὴ Δία, εἰ Παρμενίων ἤμην. »

Par le mot φαῦλοι, mis dans la bouche de Leucon, il faut entendre les Athéniens assez ingrats envers ce prince pour approuver la loi de Leptine. L'orateur voile ici sa pensée avec une délicatesse qui n'a pas échappé à son ignorant scholiaste.

Page 22 : 1. Le citoyen désigné pour remplir les charges les plus dispendieuses pouvait offrir d'échanger sa fortune contre celle d'un Athénien ou d'un étranger propriétaire ou domicilié qu'il prétendait être devenu ou avoir toujours été plus riche que lui. Ce dernier était obligé ou d'accepter l'échange, ou de s'acquitter des charges à la place du premier. En principe, cette loi de Solon était sage; dans la pratique, elle était vicieuse, parce que les contestations qui s'élevaient au sujet de ces échanges firent souvent perdre le moment décisif pour les expéditions militaires. Sur les formalités de l'*échange*, ἀντίδοσις, on peut consulter les *Antiquités grecques* de Robinson, l. II, ch. ix; et Bœckh, l. IV, ch. xvi.

Que signifie, un peu plus bas, le mot ἀεί? aucun commentateur ne nous l'apprend. Leucon possédait-il dans l'Attique des biens dont la nature était d'y rester *toujours*, à savoir des immeubles? Démosthène veut-il désigner les navires de ce prince et leurs cargaisons, qui se succédaient peut-être *continuellement* dans les ports d'Athènes?

— 2. On dit que les enfants d'Épicerde avaient quitté Cyrène, en Libye, leur patrie, pour s'établir à Athènes, et que, pour cette raison, ils avaient besoin d'user de l'exemption accordée à leur père par cette république. Présents sur les lieux, ils auraient pu être appelés à remplir les charges. (Ulpien.) Épicerde était mort quand

ce discours fut prononcé; mais Démosthène confond ceux qui avaient obtenu les priviléges avec leur postérité. Il semble, par là, les représenter comme dépouillés, même au delà du tombeau. (A. Wolf.)

— 3. Les désastres de cette guerre des Athéniens en Sicile sont assez connus. — *Cent mines*, environ 9 300 fr. La mine, ou somme de cent drachmes, valait à peu près 93 fr.

— 4. La guerre désignée ici est la guerre *Décélique*, qui dura dix ans, depuis l'ol. xci, 3, jusqu'à l'établissement des trente tyrans, imposés aux Athéniens par Lacédémone victorieuse. — *Un talent*, environ 5560 fr.

— 5. Ces ennemis d'Athènes sont les Syracusains. Il paraît qu'à l'époque du désastre des Athéniens dans la Sicile, Épicerde habitait Syracuse. (Reiske.)

Page 24 : 1. L'exemption était de deux sortes : elle portait ou sur le commerce, ou sur les charges publiques. Or, un étranger, un Libyen, n'était pas soumis à ces charges; et d'ailleurs Épicerde n'était pas commerçant. (Ulpien.) Je m'étonne qu'Aug. Wolf semble se faire honneur de cette explication, qu'il accompagne de ces mots : *mihi quidem si divinare licet.*

— 2. L'orateur emploie souvent les expressions par lesquelles il peut réveiller l'attention des Athéniens, *peuple vain et léger* : ὑμᾶς κἀκεῖνο ἐνθυμεῖσθαι δεῖ...., εἰ κἀκεῖνο μάθοιτε...., σκεψώμεθα δή...., ὁρᾶτε δὲ οὑτωσί...., ἂν σκοπῆτε...., θεωρήσατε...., σκοπεῖτε δή....; ici encore, σκοπεῖτε, etc.

— 4. Αὐτὸ δὴ τοῦτο καὶ τὸ δεινόν ἐστιν. *In hoc ipso atrocitas rei inest.*

— 5. Les *Quatre-Cents*. Ce sont les Athéniens qui, dirigés par Pisandre et Antiphon, avaient renversé la démocratie, et s'étaient emparés du gouvernement de la république, ol. xcii, 1, l'an 412 av. J. C. Cette oligarchie ne fut que le prélude de la domination plus longue et plus tyrannique des Trente, dont il a été question dans une note précédente. Voyez Thucydide, VIII, lxiv, et Harpocration, au mot Τετρακόσιοι. Sept ans plus tard, le peuple, sous la conduite de Thrasybule, se retira dans la forteresse de Phylé, et ensuite s'empara du Pirée. Les défenseurs du parti démocratique, étrangers et citoyens, reçurent des récompenses, comme l'atteste Lysias dans son *Plaidoyer contre Philon*.

Page 26 : 1. Ἐπ' ἀμφότερα. *In utramque partem*, dit Schæfer, *alias in meliorem, alias in pejorem.*

— 2. Cette bataille fut livrée dans la plaine de Némée, l'an 395 av. l'ère chrétienne, ol. xcvi, 2, la première année de la guerre *de Corinthe*, dans laquelle les Grecs de la Béotie, de l'Attique, de l'Argolide, de la Corinthie, furent aux prises avec les Lacédémoniens. Cette guerre se termina par la paix honteuse d'Antalcidas, dont Xénophon donne les articles dans le IVᵉ livre de son *Histoire Grecque*.

Page 28 : 1. *Après la paix d'Antalcidas*. Paix honteuse, qui rendait tributaires du roi de Perse toutes les villes grecques de l'Asie mineure. Elle fut conclue ol. xcviii, 2 ; 387 av. J. C. Antalcidas, amiral lacédémonien, en avait été le négociateur. Poursuivi par la haine générale, il se laissa mourir de faim. Markland et A. Wolf font remarquer cet emploi de la préposition ἐπί. La paix faite *par l'autorité* d'Antalcidas. — Un peu plus haut, εἰςέφρουν, pour εἰςῆγον, est un mot attique employé surtout par les orateurs. Voyez le lexique d'Harpocration, au mot Εἰςφρήσειν.

— 2. M. Vœmel regarde ici le mot φανησόμεθα comme une glose insérée dans le texte, et il le met entre deux crochets. Baiter le supprime entièrement.

Page 30 : 1. La vingt-troisième année de la guerre du Péloponèse, Ecphante, chef de la faction athénienne à Thasos, fit embrasser la cause d'Athènes à cette île de la mer Égée et à quelques villes de la Thrace, qui en est voisine. (Diod. de Sicile, l. XIII.) — Il est parlé dans l'*Histoire Grecque* de Xénophon, IV, viii, 27, de la prise de Byzance, soumise auparavant aux Lacédémoniens (ol. xcvii, 1 ; 392 av. J. C.). Au lieu d'Archébios et d'Héraclide, cet historien ne nomme qu'Anaxylas. — Τὴν δεκάτην, la dixième partie ou la dîme. C'est ici le droit de percevoir le dixième de la cargaison des vaisseaux marchands. La puissance qui dominait dans l'Hellespont levait un impôt sur les marchandises. Ainsi, la vente des dîmes a sa source dans le droit ancien. — Εἰρήνην désigne la paix d'Antalcidas, dont il a été question plus haut. Déshonorante pour Lacédémone, ruineuse pour une partie de la Grèce, cette paix fut avantageuse à la république athénienne. (A. Wolf et Schæfer.)

— 2. Προξενίαν, *la proxénie*, ou le titre d'hôte de la république, titre honorifique qui se transmettait aux descendants. — Εὐεργεσίαν, « le titre de bienfaiteur. » Telle est la première origine de ce surnom d'*Évergète* (Bienfaisant) donné plus tard à des rois. Sur le titre d'εὐεργέτης que l'on proclamait à son de trompe, voyez le *Trésor* de

H. Estienne, édition de M. Haase. Dans la *Harangue sur la Couronne*, Démosthène dit que les Thébains et les Thessaliens croyaient voir en Philippe un ami, un bienfaiteur, un sauveur, φίλον, εὐεργέτην, σωτῆρα. Voilà trois titres politiques dont la flatterie fit bientôt des surnoms de rois : Ptolémée Philopator, Ptolémée Évergète, Ptolémée Soter. La reconnaissance fit même appeler Εὐεργέται toute une tribu scythique.

— 3. Les Athéniens avaient quelques troupes dans le voisinage des villes chalcidiennes, avec lesquelles ils étaient en guerre; ils s'étaient même emparés de Potidée, ville bâtie sur l'isthme qui joignait Pallène à la Macédoine, appelée d'abord Phlégra, et plus tard Cassandrie. Les Potidéens, las de la domination athénienne, voulurent se donner à Philippe dans le même temps que Pydna (l'ancienne Cytros, aujourd'hui Kitros), ville macédonienne, située sur le golfe Thermaïque (*golfo di Salonichi*), fameuse jusqu'alors par sa fidélité, se révolta pour se donner aux Athéniens. Après d'inutiles négociations, Philippe marcha contre Pydna, où il entretenait des intelligences, la prit, et vint ensuite s'emparer de Potidée, dont les portes lui étaient ouvertes, ol. cv, 4; 357 av. J. C. (Extrait de l'*Histoire de Philippe*, par Olivier, l. II.)

Voyez-vous comme Démosthène, trois ans avant de prononcer sa première *Philippique*, suit le conquérant macédonien d'un regard inquiet? L'année précédente, parlant contre Aristocrate, il avait déjà signalé Philippe à ses concitoyens comme le plus grand ennemi de leur liberté.

Page 32 : 1. Τὰς στήλας ταύτας. Ce sont les cippes, ou petites colonnes, où était gravé le texte des décrets portés en faveur d'Archébios, d'Héraclide et des Thasiens. Peut-être Démosthène les montrait-il du lieu où il parlait : voilà pourquoi il dit simplement *ces colonnes*. Quelques monuments grecs de ce genre subsistent encore.

— 2. Συμφορὰς.... χυρίας. C'est le même sens que s'il y avait, selon la locution ordinaire, συμφορὰς μενούσας ou βεβαίας. Cette alliance de mots, qui fait allusion à στήλας χυρίας, qu'on a lu plus haut, et contraste vivement avec δωρεὰς λελυμένας de la fin de cette phrase, est à la fois insolite, ingénieuse et forte. Je désespère de la rendre.

Aristide (*Déclam. Lept.* II, xxvII) : Οὓς ἔσχομεν φίλους, ἐχθροὺς καθίσταμεν, τῷ τὰς μὲν παρ' αὐτῶν εἰς ἡμᾶς ὠφελείας ἀκινήτους εἶναι καθάπαξ βούλεσθαι, οἷς δὲ ἡμεῖς αὐτοὺς ἀμειβόμεθα, ταῦτ' εὐθὺς ἀνατρέπειν. *Quos habuimus amicos, inimicos efficimus, dum*

commoda quidem, quæ ab illis in nos derivantur, immota ma-
nere perpetuo volumus ; sed quæ nos illis rependimus, statim
tollimus.

Page 34 : 1. Je ne prends pas les mots πλείστους εὐεργέτας dans le
sens absolu que leur donnent J. Wolf, Auger et M. Jager. Je crois,
avec Le Cointe, que πλείστους répond ici à notre superlatif relatif,
les plus nombreux. Cette acception, autorisée par l'usage et la grammaire, s'appuie encore sur le rapprochement de πόλεως et de πολίτας,
que j'ai tâché de rendre. La pensée de Démosthène en acquiert plus
de force et d'ensemble. — *Conon.* Les deux plus beaux faits qui ho-
norent la vie de ce célèbre père de Timothée, sont le combat naval
dans lequel il défit les Lacédémoniens près de Cnide (ol. xcvi, iii;
394 av. J. C.), neuf ans avant la naissance de Démosthène, et, ce qui
en fut une conséquence, la reconstruction des murailles du Pirée et
d'Athènes, que Lysandre avait fait démolir, et que Conon releva avec
l'argent de la Perse. Andocide, Dinarque et Isocrate le comblent d'é-
loges à ce sujet.

A. Wolf conjecture que ce pompeux éloge de Conon est une manière indirecte de plaider la cause de son petit-fils, à qui la loi de
Leptine enlevait les priviléges qu'il tenait de son père et de son aïeul.

— 2. Après la victoire de Cnide, les Cyclades ne tardèrent pas à
se détacher de Lacédémone ; et Pharnabaze, satrape de Lydie, qui
avait des droits sur d'autres îles voisines de l'Asie, les laissa libres,
à la prière de Conon.

— 3. Littéralement : « Attendu que Conon a délivré les alliés des
Athéniens. » Ainsi commençait l'exposé des motifs d'un décret que
Démosthène fera lire bientôt. — Non seulement le titre de libérateur
des alliés était une nouveauté, mais, avant Conon, le nom d'un citoyen, même d'un général, n'avait jamais été inscrit sur un monument public. (A. Wolf.)

Un peu plus bas, Reiske et A. Wolf traduisent πρὸς ὑμᾶς αὐτούς
par *apud vos solos.* Mais, partout où ces mots sont unis, ils signifient *vous-mêmes.* D'ailleurs, Conon fut honoré non-seulement par les
Athéniens, mais par tous les Grecs qui avaient supporté impatiem-
ment le joug de Sparte. (Schæfer.)

— 4. « On a cru reconnaître cette statue dans celle qu'on nomme
communément *le Gladiateur.* » L'auteur de cette note inexacte, qui
se lit dans une de nos petites éditions classiques, a confondu la statue de Conon avec celle de Chabrias. Voy. Clavier, art. *Chabrias,*

dans la *Biographie universelle* de Michaud ; et Gillies, *Histoire de l'ancienne Grèce*, t. V, p. 8, trad. de Carra.

Page 36 : 1. Dans la seconde guerre des Perses, Athènes avait été presque entièrement détruite. Les Athéniens, de retour dans leur ville, qu'ils avaient abandonnée pour se retrancher *derrière des murailles de bois*, suivant l'expression de l'oracle, c'est-à-dire sur leurs vaisseaux, voulaient la rétablir et l'environner de bons remparts. Les Lacédémoniens, qui commençaient à être jaloux de leur puissance, entreprirent de s'opposer à ce dessein. Ils mirent en avant le prétexte du bien public. L'intérêt commun, disaient-ils, demandait qu'on ne laissât hors du Péloponèse aucune ville fortifiée, de peur que, dans une nouvelle invasion, elle ne servît de place d'armes aux Perses. Thémistocle pénétra le véritable motif de leur opposition ; mais, voyant que Sparte pouvait, aidée de ses alliés, empêcher, par la force, l'ouvrage commencé, si on lui donnait une réponse absolue et négative, il persuada au conseil des Cinq-Cents d'employer la ruse. Ses artifices diplomatiques sont aussi racontés par Thucydide, I, xc; Élien, *Variétés historiques*, III, xlvii; C. Népos, *Vie de Thémist.*, ch. vi.

Ici, Thémistocle et Conon ne sont comparés que sur un seul fait, le rétablissement des fortifications. (Ulpien.)

— 2. Λόγων δὲ γιγνομένων ἐκεῖ, *et quum de ea re concionarentur Spartani cives*. Plus haut, Démosthène a employé la même expression en parlant de la discussion du peuple athénien au sujet du payement de l'emprunt fait à Sparte par les Trente. M. Jager traduit : « Là le bruit se répandit, puis on annonça publiquement, etc. » Si tel était le sens, il y aurait λόγου, et non λόγων. Le Cointe et Auger l'avaient bien compris.

— 3. Littéralement, « après avoir triché, » παρακρουσαμένους. Harpocration : « Ce mot signifia, dans le principe, donner une secousse pour frauder, en pesant ou en mesurant un marchandise. » Παρακρούειν est alors synonyme de κρουσιμετρεῖν. D'autres en font l'équivalent de ὑποσκελίζειν, « donner le croc-en-jambe. » Voy. Stanley, sur le *Disc. pour la Lib. des Rhodiens*, *Orat. Attici* de Dobson, t. IX, p. 526. M. Jager : « Plus la franchise l'emporte sur la ruse, et une victoire en pleine campagne sur le succès d'une ambassade. » Ces derniers mots rendent-ils fidèlement la pensée de l'orateur ?

Page 38 : 1. Démosthène, ici, arrive à son client, conduit, en apparence, plutôt par la suite des temps que par une combinaison de

l'art. Mais c'est une erreur de croire, avec quelques critiques, que le
seul but de ce discours soit le maintien des immunités du fils de Chabrias. La première phrase prouve le contraire. Ctésippe était décrié
pour sa vie déréglée; peut-être, avant ce procès, n'avait-il pas encore poussé l'infamie jusqu'à vendre les marbres du monument national élevé à la mémoire de son père. Mais ses prodigalités et ses dé-
bauches nous expliquent du moins pourquoi l'orateur, dans cet
admirable morceau, redouble d'efforts et de ménagements envers
Leptine.

— 2. Après la délivrance de Thèbes par Pélopidas, les Athéniens
(ol. c, 4; 377 av. J. C.) se coalisèrent avec un grand nombre de
peuples grecs contre Lacédémone, dont la tyrannie renaissait avec
ses forces, et qui était soutenue par une partie du Péloponèse. La
direction de cette guerre fut confiée à Chabrias, à Timothée, fils de
Conon, et au célèbre orateur Callistrate. Dès la première année, une
victoire fut gagnée près de Thèbes par un stratagème de Chabrias;
et la flotte athénienne, pour la première fois depuis la guerre du
Péloponèse, battit les Lacédémoniens près de l'île de Naxos. Voyez
Diodore, XV. — Le spartiate Gorgopas, lieutenant de l'amiral Hiérax,
avait été laissé dans Égine pour défendre cette île. Il fut vaincu et
tué par Chabrias. — Lorsque la paix fut rétablie dans la Grèce, on
envoya ce général dans l'île de Cypre, au secours d'Évagoras, roi de
Salamine, qui s'était révolté contre le roi de Perse. Chabrias, par ses
succès, lui fit obtenir une paix honorable. (Ol. xcvii, 2; 390 av. J. C.)
— Il passa ensuite en Égypte, pour commander les troupes d'Acoris,
qui avait aussi levé l'étendard contre le grand roi; et, longtemps
après, il accepta les propositions de Tachos, souverain de cette même
contrée, qui avait déjà Agésilas à sa solde, et il alla prendre le commandement de ses forces navales.

— 3. « Quelle partie du monde habitable n'a pas ouï les victoires
du prince de Condé et les merveilles de sa vie? On les raconte partout; le Français qui les vante n'apprend rien à l'étranger; et, quoi
que je puisse aujourd'hui vous en rapporter, toujours prévenu par
vos pensées, j'aurai encore à répondre au secret reproche que vous
me ferez d'être demeuré beaucoup au-dessous. » (Bossuet.)

— 4. Οὐ στρατιώτην ἀπώλεσεν οὐδένα. Cela semble impossible.
Aussi Clavier, dans l'article qu'il a consacré à Chabrias (Biographie
universelle) et A. Wolf, trouvent-ils cet éloge exagéré. Mais comment l'orateur aurait-il osé exprimer des splendida mendacia,

comme dit le critique allemand, devant les vieillards qui avaient connu Chabrias, et dont lui-même vient d'invoquer à l'instant le témoignage? Tout porte sur le sens précis de deux mots, ἀπώλεσεν et στρατιώτην. Or, le premier peut fort bien s'entendre de *perdre par sa faute;* et le second, interprété κατ' ἐξοχήν, signifie spécialement, dans la bouche de Démosthène, *soldat athénien.* Nul doute qu'il n'y eût des auxiliaires, des mercenaires même, dans les troupes de Chabrias : pour ceux-là, la république en tenait assez peu de compte. Mais la principale partie de l'armée était composée d'Athéniens : circonstance que l'orateur lui-même a relevée plus haut : ὑμᾶς ἔχων. Et voilà pourquoi, insistant sur cette prétendue exagération, il dira plus bas que Chabrias ne rendit orphelin aucun enfant d'Athènes.

Ici encore, Aristide, dans son discours *contre la loi de Leptine*, s'est fait l'écho de Démosthène. Mais, gâtant son plagiat par les subtilités du bel esprit, il ajoute, al. 105 : Καὶ πῶς οὐ δόξει καὶ νῦν καὶ τόθ' ὑφ' ἡμῶν τὰ μέγιστα ἀδικεῖσθαι, τότε μὲν τῶν οὐ προσηκόντων τυχών, νῦν δ', ὦ θεοί, καὶ τούτων ἐκπεπτωκώς; « Comment ne pas croire qu'aujourd'hui comme jadis les Athéniens ont traité Chabrias avec la plus grande injustice? jadis, en l'entourant d'une gloire imméritée, aujourd'hui, grands dieux! en l'en dépouillant? »

Page 40 : 1. Ἐγὼ μὲν οὐκ οἴομαι, *scilicet* δοκεῖν τισὶν ὑμῶν τοιαῦτα. Pour ce qui suit, jusqu'à la fin de l'alinéa, notre texte est conforme aux importantes corrections de Baiter, Sauppe et Vœmel. Mais j'ai cru devoir laisser τηνικαῦτα δή (au lieu de δέ), *tunc scilicet,* « c'est alors que. »

— 2. Οὗτοι, *isti,* « ceux-là : » les mêmes qui demandent la suppression des immunités. Dans ce pronom ainsi jeté il y a un certain mépris ; et la réflexion amère que Démosthène fait ici en passant, dut paraître aux Athéniens une sanglante épigramme.

Page 42 : 1. La première année de la guerre sociale (ol. cv, 3 ; 358 av. J. C.), Chabrias parvint à forcer l'entrée du port de Chios ; mais, n'ayant pas été suivi par le reste de son escadre, il fut enveloppé, et périt en défendant son vaisseau, quoiqu'il eût pu facilement échapper en se jetant à la nage. Voyez Diodore de Sicile, XVI, vii, et Cornélius Népos.

« Estant Chabrias, au demeurant, homme lent et difficile à émouvoir, quand ce venoit au combat il brusloit d'ardeur de courage, tellement qu'il se jettoit à clos yeux au danger, entre les plus téméraires. » (Plutarque, *Vie de Phocion*, VIII, traduction d'Amyot.)

— 2. Le ton familier de cet ordre, cette courte interruption, suivie d'un nouvel argument que présente l'orateur pendant que le greffier, un peu embarrassé, cherche dans son ἐχῖνος la pièce qu'il doit lire, tout nous montre ici que, même en retouchant un discours après la séance où il avait été prononcé, Démosthène avait soin de lui conserver une apparence d'improvisation capable de transporter en idée le lecteur au tribunal ou dans l'assemblée populaire. On voit encore quelque chose de semblable dans son plaidoyer *contre Midias,* dans sa harangue *sur les Prévarications de l'Ambassade,* et dans plusieurs passages des discours *contre Phénippe* et *contre Timocrate.* Cicéron a quelquefois poussé jusque-là l'imitation de l'art grec ; en voici un exemple, tiré d'un discours qu'il n'a pas même prononcé. A propos de deux statues enlevées par Verrès : « On les appelait Canéphores, » dit-il ; puis, feignant de manquer de mémoire et de se faire aider par un de ses auditeurs : « Mais l'artiste, qui est-il ? qui donc ?... Vous avez raison : c'était Polyclète. » (*Deuxième action contre Verrès,* IV, III.)

— 3. On avait élevé une statue de bronze à *Iphicrate,* et ce général fut nourri aux frais de l'État, dans le Prytanée. — *Strabax,* sur qui Harpocration ne nous apprend rien, fut probablement un compagnon d'armes d'Iphicrate. — Un passage de la *première Philippique* désigne *Polystrate* comme un des généraux qui commandaient les troupes étrangères à la solde d'Athènes dans la guerre de Corinthe. — *Timothée* avait aussi reçu les honneurs d'une statue et quelques autres récompenses. — Reiske conjecture que *Cléarque* est le même qui fut tyran d'Héraclée, ville du Pont.

— 4. Dans le texte de Démosthène, aucun mot ne semble placé au hasard. Analysez cette phrase, vous y trouverez une antithèse quintuple et parfaitement symétrique. Ne pouvant assouplir à ce point le tour que m'offrait notre langue, j'ai tâché de rendre les deux traits les plus saillants, la répétition δι' ἐκεῖνον, αὐτὸν ἐκεῖνον, et, du moins quant à l'idée, cette chute semblable, τὴν δωρεάν, τὴν ἀτέλειαν.

Outre les immunités et plusieurs autres honneurs décernés à Chabrias pendant sa vie, on lui érigea une statue qui le représentait dans l'attitude qu'il avait fait prendre à ses soldats pour intimider l'armée d'Agésilas par un stratagème.

Page 44 : 1. Les anciens supposent souvent les âmes des morts sensibles à ce qui se passe sur la terre : Platon, *Menex.* XXI ; Ly-

curgue, *adv. Leocr.;* Cicéron, *neuvième Philippique;* Tacite, *Agricola.* Mais que Bossuet tire un bien plus grand parti de cette hypothèse si poétique et si religieuse! « Grande reine, je satisfais à vos plus tendres désirs quand je célèbre ce monarque; et ce cœur, qui n'a jamais vécu que pour lui, se réveille, tout poudre qu'il est, et devient sensible (λάδοιεν αἴσθησιν), même sous ce drap mortuaire, etc. » (*Oraison funèbre de la reine d'Angleterre.*)

Dans la phrase suivante, j'aurais voulu reproduire le rapprochement de τὰ καλῶς πραχθέντα et de μὴ καλῶς ῥηθῇ τῷ λόγῳ; mais je n'ai osé dire : « Si leurs beaux faits, quand nous ne les racontons pas en beau langage, sont non avenus, malgré tant de travaux, etc. »

— 2. Littéralement : « Il (le greffier) vous lira la loi que nous apportons à côté de celle de Leptine, après l'avoir écrite en regard.» Celui qui proposait une loi contraire à une loi existante devait, afin de poursuivre d'abord l'annulation de celle-ci, présenter, sur une tablette à deux colonnes, les deux lois en regard l'une de l'autre.

— 3. Θεσμοθέται était le nom des six derniers archontes, considérés collectivement. Leur principal devoir, comme ce nom l'indique, était de garantir les droits du peuple et de veiller au maintien des lois. (Harpocration s. v. Θεσμοθ.) — Le conseil, τῇ βουλῇ : c'est le conseil des Cinq-Cents, appelé quelquefois, par abus, sénat.

Remarquez que la négation placée à la tête de cette longue phrase détruit tout ce qui la suit. Voyez la *Grammaire* de Burnouf, 383. Les Latins avaient emprunté cette tournure à la langue grecque. C'est ici l'occasion de corriger une phrase de Sénèque, altérée dans toutes les éditions : *Sagittarius non aliquando ferire debet, sed aliquando deerrare.* (Epist. xxix.) Retranchez *sed.,* interpolation de quelque copiste ignorant. Pour exprimer de pareils rapports d'idées, notre langue peut, dans la proposition secondaire, employer avec succès le tour de *l'ablatif absolu.* La phrase suivante d'un discours attribué à Racine en offre un exemple : « Aussi *ne* fallait-il *pas* que, *l'État vous devant* déjà son salut et sa gloire, l'Église dût à un autre que vous sa victoire et son triomphe. » (*Discours au Roi,* prononcé par l'abbé Colbert.)

— 4. Le texte de cette phrase est évidemment altéré. J'ai préféré, malgré Schæfer, la correction d'Aug. Wolf à celle d'Auger. Wolf retranche τότε, comme étant une glose de τέως; il rapporte τὸν τρόπον τοῦτον à ce qui suit, et non à ce qui précède; enfin, il con-

sidère τέως μέν et ἐπειδὴ δέ comme répondant l'un à l'autre, selon l'usage des Attiques.

Les formalités prescrites par Solon et énumérées ici par Démosthène, produisirent pendant quelque temps, par les difficultés mêmes qui les entouraient, un effet salutaire : les lois en reçurent une certaine stabilité.

Page 46 : 1. Puisque ce travail n'était pas terminé, ne faudrait-il pas lire, à l'imparfait, d'après deux manuscrits de Bekker et l'édition de Vœmel, ὥςτ' ἐχειροτονεῖτε, au lieu de ὥςτε χειροτονεῖτε? Barthélemy, s'appuyant sur ce passage, entend par πέρας le résultat de l'examen de cette commission, et traduit : « Mais son travail n'a rien produit jusqu'à présent. » (*Voyage d'Anacharsis*, chap. xiv).

Eschine dit dans sa harangue *contre Ctésiphon*, que cette révision des lois devait avoir lieu chaque année.

— 2. C'est-à-dire, « on porte des lois tous les ans, et aussi facilement que des décrets. » D'ordinaire, les décrets n'avaient force que pour un an, à moins qu'ils ne fussent mis au nombre des lois; mais on portait tant de lois chaque année, qu'il y avait toujours des lois plus nouvelles que les décrets (Reiske.) Sur la différence du νόμος (loi perpétuelle et générale), et du ψήφισμα (loi d'utilité particulière applicable à un temps, à un lieu déterminés), voyez les *Antiquités grecques* de Robinson, l. III, ch. iv, et Schœmann *de Comitiis Atheniensium*, lib. II, ch. vɪɪ.

— 3. Παρ' ὑμῖν, présentation du projet de loi « devant vous : » c'est-à-dire devant les mandataires choisis par le peuple. L'orateur entend par là le tribunal des nomothètes, dont il a été parlé dans l'argument analytique.—Τοῖς ὀμωμοκόσι, « juges assermentés. » Démosthène cite, un peu plus loin, une partie du serment que prêtaient les nomothètes.

— 4. Τῶν ἐπωνύμων. C'étaient les statues des héros qui avaient donné leurs noms aux tribus d'Athènes. Elles ornaient l'ancien forum, (ἀρχαία Ἀγορά); c'est là que l'on suspendait des tablettes, λευκώματα, σανίδας, contenant les décisions provisoires du conseil, les projets de lois, les accusations publiques. (Libanius.) Défense était faite de déplacer ces tablettes. (Plutarch. in *Pericl.*)

— 5. A ces trois formalités, Barthélemy et A. Wolf en ont joint plusieurs autres, qu'ils ont recueillies dans Démosthène lui-même, et dans le Scholiaste Ulpien. *Voyage d'Anacharsis,* ch. xiv, et *Prolegg. ad Leptin.*

Page 48 : 1. Démosthène ne fait lire que les dispositions de sa loi qui combattent celle de Leptine.

— **2.** Auger s'est trompé en appliquant ὅδε à Démosthène : les orateurs ne parlaient pas d'eux-mêmes à la troisième personne, comme faisaient parfois les poëtes comiques. Ce pronom se rapporte-t-il à Ctésippe? Quelques-uns l'ont cru. M. Jager ne se prononce pas. Mais Ulpien, pour cette fois, lève la difficulté. « C'est Aphepsion, dit-il, qui est désigné ici; et, ce qui le prouve clairement, c'est que, plus bas, l'orateur engage Phormion dans la promesse qu'il fait d'une loi nouvelle. » Phormion était l'avocat d'Aphepsion, et ce dernier, selon l'usage, était présent.

— **3.** Dans quelle occasion Leptine avait-il parlé devant les thesmothètes ? ce fut lorsque, selon l'usage, la cause de sa loi avait été d'abord agitée devant les six derniers archontes, avant d'être déférée au tribunal des héliastes. Voyez *Anacharsis*, ch. xiv.

Page 50 : 1. Ce passage est fort obscur. 1° Démosthène a cité plus haut une loi de Solon, d'après laquelle l'auteur d'un projet de loi contraire à la législation établie doit d'abord faire annuler celle qu'il combat; puis, cette abrogation prononcée, présenter son projet; et ici, en vertu d'une autre disposition légale, ancienne aussi, l'adoption de la loi nouvelle serait, en fait et en droit, la conséquence immédiate de la révocation de la loi attaquée. 2° Cette disposition légale est formelle (σαφῶς κελεύει), et l'orateur doute de la force de cet appui; il craint la contradiction. On ne peut lever ces deux difficultés qu'en supposant cette vieille loi subsistant de fait, mais tombée en désuétude.— Un peu plus bas, πῶς équivaut à τίνι τρόπῳ; « par quel moyen? par quelle contrainte? »

— **2.** Ici le mot βουλήν indique probablement l'Aréopage et le conseil des Cinq-Cents. La loi que cite l'orateur remonte à une époque où l'on ne désignait guère le premier de ces deux corps par le mot δικαστήριον sans déterminatif. — Démosthène, et Aristide, 586 de son discours *contre la loi de Leptine*, expliquent les mots τὰ ἔσχατα πάσχειν par θανάτῳ ζημιοῦσθαι, *morte mulctari*, peine attachée ordinairement au crime de haute trahison (A. Wolf).

— **3.** Les mots ἢ ὃν νῦν ἐφ' ἑαυτοῦ τίθησιν, renferment une difficulté sur laquelle tous les commentateurs, si fertiles dans les endroits clairs, comme dit La Bruyère, sont restés muets. Il est impossible que ces mots se rapportent à la loi de Leptine attaquée par Démosthène dans ce discours; et ils indiquent évidemment un fait, celui d'une autre

proposition législative du même Leptine, ayant probablement pour but de modifier sa propre loi. Ou cette interprétation est vraie, ou le texte est corrompu. — Bekker, Schæfer, Baiter et Vœmel, ont adopté la leçon ἀφ' ἑαυτοῦ, au lieu de ἐφ' ἑαυτοῦ. M. Jager traduit : « Il vous servira mieux assurément en vous soumettant une loi qui a déjà eu votre sanction, que s'il vous en proposait une qui viendrait de lui seul. » Mais, les mots νῦν et τίθησιν ne permettent pas de voir ici une simple hypothèse.

— 4. Précaution semblable dans le discours de Lysias intitulé Δωροδοκίας ἀπολογία : Ἡγοῦμαι δ', ὦ ἄνδρες δικασταί.... καὶ μηδείς ὑμῶν ἀχθεσθῇ.... πολὺ ἂν δικαιότερον ὑμᾶς κ. τ. λ. Le reproche que Démosthène tâche d'adoucir a, de tout temps, piqué les orateurs politiques : « Le ministre de l'intérieur : L'honorable M. L.-R. a prouvé (qu'il me permette de le lui dire) qu'il n'avait pas complétement étudié la loi. — M. L.-R. : Ceci dégénère en personnalités. » *Chambre des Députés*, 13 juin 1843. Même incident, 10 février 1846.

— 5. « Pourvu qu'on n'ait pas d'enfants légitimes, » c'est-à-dire d'enfants mâles légitimes. Ἂν μὴ παῖδες ὦσι γνήσιοι ἄῤῥενες. (Démosthène, *deuxième Plaidoyer contre Stéphanos*). « Des philosophes se sont élevés et s'élèveront peut-être encore contre une loi qui paraît si contraire aux principes du législateur ; d'autres le justifient, et par les restrictions qu'il met à la loi, et par l'objet qu'il s'était proposé. Il exige, en effet, que le testateur ne soit accablé ni par la vieillesse, ni par la maladie, qu'il n'ait point cédé aux séductions d'une épouse, qu'il ne soit point détenu dans les fers, que son esprit n'ait donné aucune marque d'aliénation. Quelle apparence que, dans cet état, il choisisse un héritier dans une autre famille, s'il n'a pas à se plaindre de la sienne ? Ce fut donc pour exciter les soins et les attentions parmi les parents, que Solon accorda aux citoyens un pouvoir qu'ils n'avaient pas eu jusqu'alors, qu'ils reçurent avec applaudissement, et dont il n'est pas naturel d'abuser. Il faut ajouter qu'un Athénien qui appelle un étranger à sa succession est en même temps obligé de l'adopter. » (*Voyage d'Anacharsis*, introd., part. II, sect. I.)

Page 52 : 1. Les mots τῷ δεῖνι, τὸν δεῖνα se rapportent, non aux morts, mais à leurs fils, qui ont hérité de leurs immunités. Il suffirait du présent εἶναι pour le prouver. C'était, d'après l'idée touchante des anciens, persécuter les morts dans la personne de leurs enfants. Leptine ne prétendait pas que Chabrias était indigne, mais bien Ctésippe.

— 2. Après Λαχεδαιμονίοις, les anciennes éditions suspendent la phrase, et ajoutent ces mots, τὰ τῶν Ἀθηναίων ἐπαινεῖν νόμιμα, οὐδὲ τὰ τῶν δείνων, « louer les institutions d'Athènes, et non celles de telle ou telle république. » Markland, d'après une conjecture de Lambin, et A. Wolf, d'après Markland, les ont retranchés, comme une interpolation de glossateur. Aux motifs sur lesquels ils se fondent on peut ajouter : 1° Le texte de cette ligne même contient une variante suspecte, sur laquelle on a accumulé les corrections ; 2° τὰ τῶν δείνων a bien l'air d'appartenir à une note. J. Wolf dit que Démosthène désigne ainsi les Thébains par mépris : mais, tout à l'heure, il va les accabler de son mépris en les nommant ; 3° Schæfer avance à tort que la suppression répand de l'obscurité sur ce passage : il est assez éclairci par les mots ἐὰν ταῦτα λέγωσιν. Reiske, Bekker, Baiter et Vœmel ont cependant conservé cette ligne.

— 3. Suivant Hérodote, Thucydide, Platon, Plutarque et Pausanias, à Lacédémone on accordait au citoyen qui avait bien mérité de la patrie, une place d'honneur dans les assemblées, le titre de *bienfaisant*, ἀγαθοεργός, une couronne d'olivier, une statue ; et, après sa mort, les surnoms de ἥρως, de θεῖος, un éloge public, une fête, même un temple.

— 4. Isocrate, Plutarque et Cicéron confirment ce que dit ici Démosthène de là souveraineté du sénat de Sparte. — Μετὰ τῶν ὁμοίων, « avec ses pairs. » Paulmier entend par τῶν ὁμοίων la classe aristocratique, dans laquelle on choisissait les membres du sénat. Auger veut que ce soit le conseil des éphores. A. Wolf les réfute tous deux, et se plaint du silence de l'antiquité. Schæfer propose, avec beaucoup de vraisemblance, de prendre ce mot dans son acception ordinaire, *cum paribus (mit seines gleichen)*. — Une ligne plus bas, Baiter et Vœmel lisent : Καὶ ἀραὶ καὶ νόμοι καὶ φυλακαί, ὅπως.... *Et exsecrationes et leges et cautiones sunt, ne...*

— 5. Στέφανοι. Des couronnes d'or, souvent d'un poids considérable, étaient décernées par le peuple assemblé, par les Cinq-Cents, par une tribu ou par un dème. — Σίτησις (r. σῖτος, blé, pain, vivres), désigna d'abord des *gâteaux* offerts, au nom de leur tribu, aux citoyens qui s'étaient dignement acquittés d'une charge onéreuse dans certaines fêtes. L'honneur *d'un repas*, aux frais de l'État, fut ensuite accordé au guerrier distingué par sa bravoure, à l'ambassadeur revenu avec succès d'une mission importante : cela s'appela encore σίτησις. Enfin s'établit l'usage de *nourrir publiquement, le*

reste de leurs jours, les Athéniens qui avaient bien mérité de la patrie, et les vainqueurs aux jeux olympiques. C'est la récompense que demande Socrate dans sa sublime défense (Plat. *Apol. Socrat.*). Le même mot grandissant, comme on le voit, avec la chose, s'étendit et s'arrêta à cette dernière acception. Le citoyen à qui la σίτησις était accordée comme récompense, devenait le commensal des cinquante prytanes, ou présidents du conseil, dans l'édifice appelé Πρυτανεῖον. Cette pension s'appelait aussi σιτία et παρασιτία. — Par le mot τοιαῦτα il faut entendre surtout la προεδρία, droit de préséance au théâtre, dans les assemblées, dans les cérémonies publiques, et l'érection d'une statue εἰκών, ordinairement d'airain. Le premier qui obtint cet honneur public, le plus insigne de tous, fut Solon, puis vinrent Harmodius et Aristogiton, Conon, etc. A une époque de décadence, cette récompense fut tellement prodiguée que, dans l'espace d'un an, Démétrius de Phalère, par des statues en pied, équestres ou placées sur des chars, se vit, comme dit Fontenelle, multiplié trois cent soixante fois dans la citadelle, au Pirée, et sur les places publiques d'Athènes.

Page 54 : 1. Voilà encore une de ces idées qu'Aristide gâte en les reproduisant : Ὑμῖν φιλανθρωπίας, ἐκείνοις δ' ὠμότητος περίεστιν. Ce sophiste ne semble-t-il pas reprocher aux Athéniens d'avoir de l'humanité de reste? — Aux ménagements avec lesquels l'orateur vient de parler des institutions lacédémoniennes, à son rude langage au sujet des Thébains, on reconnaît que ce discours fut prononcé à une époque où les Athéniens étaient en bonne intelligence avec Sparte, et brouillés avec Thèbes, c'est-à-dire peu de temps après la bataille de Leuctres. Plus tard, quand Démosthène forma la ligue de Thèbes et d'Athènes contre Philippe, il ne parlait pas ainsi. Un mot de Leptine, conservé par Aristote, *Rhét.*, l. III, ch. x, prouve que l'adversaire de Démosthène professait lui-même une haute admiration pour Lacédémone.

— 2. La ville d'Orchomène (aujourd'hui Skripo), située en Béotie, sur la rive occidentale du lac Copaïs, fut saccagée par les Thébains vers 364 av. J. C. (ol. civ, 1). Thespies avait auparavant subi le même sort.

— 3. Cette pensée paraît empruntée à Lysias (*Disc. contre Nicomaque*), qui démontre ainsi la nécessité de ne rien changer aux rites religieux établis par les ancêtres. (Markland.)

— 4. Après le mot μεγάλοι, le Démosthène d'Auger, publié par

M. Planche, en 1820, ajoute, conformément à un manuscrit de Lambin et à la majorité des éditions, τῆς ὀλιγαρχίας καὶ δεσποτείας. Telle est aussi la leçon de M. Vœmel. Je regrette que le savant éditeur ne nous ait pas appris pourquoi il a conservé ces mots, qui paraissaient très-suspects à Lambin et à Taylor, que Bekker et Dindorf ont mis entre crochets, que Schæfer condamne, et que A. Wolf, Bremi et Baiter ont retranchés : 1° ils sont une pure explication de δι' ὧν, qui précède ; 2° δεσποτείας ne peut s'appliquer nullement à la république de Thèbes ; 3° Reiske, qui défend cette leçon, ne cite pas un seul exemple de l'adjectif μέγας construit avec le génitif.

—5. On appelait *hermès* des gaines en bois ou en pierre, surmontées d'une tête de Mercure. Des lectures semblables à celle que l'orateur va ensuite annoncer étaient en usage à la tribune et devant les juges : Démosthène lui-même en offre plus d'un exemple. Toutefois, sans vouloir prêter à notre orateur l'esprit de Tourreil, il me semble que cette phrase est légèrement ironique. Rien, en effet, ne devait être mieux connu, même du vulgaire, que les nombreuses inscriptions de cette multitude d'hermès élevés sur les places, ornant les édifices publics, et bordant même une des plus longues rues d'Athènes, à laquelle ils avaient donné leur nom.

Page 56 : 1. Le texte de ce passage a été l'objet d'une longue controverse, où il me semble que Reiske et A. Wolf se battent avec de faibles armes. Présentons d'abord le passage, sans rien préjuger par la ponctuation : Εἰ μὲν γὰρ ἀναξίους εἶναί τις φήσει κἀκείνους τιμᾶσθαι, τίς ἄξιος εἰπάτω εἰ μήτε τῶν πρότερον μηδεὶς μήτε τῶν ὕστερον· εἰ δὲ μηδένα φήσει, συναχθεσθείην ἂν ἔγωγε τῇ πόλει, εἰ μηδεὶς ἐν ἅπαντι τῷ χρόνῳ γέγονεν ἄξιος εὖ παθεῖν.

Mot à mot : « Car, si, d'une part, on dit que ces hommes aussi (nos ancêtres) étaient indignes d'être honorablement récompensés, qu'on dise qui en est digne si personne [ne l'est] ni parmi nos devanciers ni parmi ceux qui sont venus après ; si, d'un autre côté, on répond, *personne,* je m'affligerais avec la république si nul, pendant toute la durée du temps, n'a été digne d'être favorablement traité. »

Toute la difficulté, dans cette phrase inintelligible, roule sur les mots εἰ μήτε τῶν πρότερον μηδείς, μήτε τῶν ὕστερον (Baiter et Vœmel, προτέρων....ὑστέρων). Ces mots appartiennent-ils à ce qui précède? non : car le raisonnement de Démosthène serait entièrement rompu et altéré. Faut-il les rattacher à ce qui suit? pas davantage : car, 1° ils ne sont que la répétition du dernier membre, εἰ μηδεὶς ἐν

ἅπαντι τῷ χρόνῳ ; 2° cette construction, εἰ μήτε.... εἰ δὲ μηδένα, dans une même proposition, serait évidemment vicieuse. D'ailleurs il y a surcharge dans cette conjonction εἰ répétée quatre fois à si peu de distance. Le retranchement de cette ligne, demandé par Markland et par A. Wolf (*furca expellendum*), m'a donc paru suffisamment motivé.

— 2. Ἀλλ' ἐπειδάν τις.... ἀνάγκη φαίνεσθαι. *At, si quis, insidiosis argumentis usus, ad res inter se non congruentes orationem traducit, necesse est eam subabsurdam fieri.*

— 3. Plutarque (*Vie d'Aristide*) : « La république fit don à Lysimaque, fils d'Aristide, de cent mines d'argent, d'autant de plèthres de terrain planté d'arbres, et enfin de quatre drachmes par jour. Alcibiade en dressa le décret. » Suivant Ulpien, ce Lysimaque n'avait rendu aucun service à l'État ; et A. Wolf voit dans les mots un peu insignifiants, ἑνὶ τῶν τότε χρησίμων, un éloge de commande. « Envers un homme tout à fait dénué de mérite, c'était, dit Bœckh, une prodigalité insensée et sans but. On eut plus de raison de donner à ses deux sœurs, aux filles du grand homme, 3,000 drachmes, et l'entretien dans le Prytanée à ses propres filles, comme aux vainqueurs des jeux olympiques. Des secours pécuniaires furent continués aux descendants d'Aristide, jusqu'au temps de Démétrius de Phalère. » (*Écon. polit. des Athéniens*, l. II, ch. xviii.) — Le plèthre, mesure de cent pieds grecs, égale neuf ares.

Page 58 : 1. Ce serment est cité par Pollux (VIII, x), à très-peu près dans les mêmes termes qu'emploie notre orateur. Il paraît que les juges le renouvelaient avant chaque procès, usage observé aussi par les Romains (Justinien, xiv, c. *de Judic.*). Le dernier traducteur l'a confondu avec le serment des héliastes, plus développé, plus solennel, dont Démosthène nous a conservé la formule dans son discours *contre Timocrate*, et que chaque citoyen ne prêtait qu'une fois pendant la durée de ses fonctions judiciaires.

— 2. L'orateur dit crûment aux juges : Ὀργίζεσθε. « Fâchez-vous ! » Il s'adressait aux passions du tribunal populaire plus qu'à sa raison ; et il se proposait moins de l'éclairer que de l'entraîner.

— 3. Le motif qui pousse Démosthène à parler ainsi est honorable ; prenons acte cependant de sa déclaration ; nous y entrevoyons que lui-même ne se faisait pas scrupule du mensonge politique.

Page 60 : 1. Malgré l'apparence contraire en grammaire et en logique, qui a trompé presque tous les traducteurs et moi-même dans

ma première édition, il n'y a qu'une analyse possible de cette phrase, obscure à force d'ellipses. Voici cette analyse, dont A. Wolf donne la clef : Συμφέρει ἡμῖν καιρὸν εὐεργεσιῶν μεγάλων μὲν οὖν οὔτε συμ-βαίνειν πολλάκις, οὔτε [ἐστὶ] ῥᾴδιον ἴσως [τινὶ] γενέσθαι αἰτίῳ [τού-των]· δοκεῖ ἔμοιγε καὶ συμφέρειν [ἡμῖν καιρὸν εὐεργεσιῶν] μετρίων δὲ καὶ ὧν τις δύναιτ' ἂν ἐφικέσθαι ἐν εἰρήνῃ καὶ [ἐν] πολιτείᾳ, [εὐερ-γεσιῶν] εὐνοίας, δικαιοσύνης, ἐπιμελείας, τῶν τοιούτων, [συμβαίνειν πολλάκις δοκεῖ ἔμοιγε] καὶ χρῆναι διδόναι τὰς τιμὰς [τούτοις]. Littéra-lement : « Il nous importe que l'occasion des grands services n'arrive pas souvent (parce qu'elle suppose de grands besoins ou de grands dangers); et il n'est pas facile peut-être (c'est-à-dire, sans doute) d'en devenir l'auteur. Mais il me semble important pour nous de voir arri-ver souvent l'occasion des services modestes, de ceux auxquels on peut s'élever pendant la paix et dans l'administration civile (par opposition avec les actes de dévouement guerrier), services qui ne demandent que zèle, intégrité, vigilance, et autres qualités semblables; il me semble qu'il faut aussi les récompenser. »

— 2. Toute l'adresse de l'argumentation de Démosthène ne peut nous cacher cette vérité, proclamée par Montesquieu, et répétée à notre tribune : « C'est une règle générale que les grandes récompen-ses, dans une monarchie et dans une république, sont un signe de leur décadence, parce qu'elles prouvent que leurs principes sont cor-rompus.» (*Espr. des Lois*, liv. V, ch. XVIII.) D'ailleurs, n'y a-t-il pas ici un sophisme? Démosthène raisonne dans l'hypothèse que la loi de Leptine ne laisse subsister qu'une seule récompense nationale, la plus haute de toutes, tandis qu'il en maintenait quatre, de degrés différents.

— 3. A. Wolf rapporte le pronom τῶνδε, τούςδε à ceux qui n'a-vaient reçu que l'immunité; et ἐκείνους, ἐκείνοις à ceux qui joignaient à l'immunité d'autres récompenses. C'est aux premiers qu'il applique les mots ὡς φαύλων, parce que leurs services, plus faibles, les expo-saient davantage à être considérés comme indignes. Le raisonnemen de Démosthène devient, par là, un peu subtil : mais l'interprétation d'Auger et de Seager (*Diar. classic.*, LVI, p. 258) suppose gratui-tement trois classes de privilégiés désignées par οἴδε et ἐκεῖνοι, tan-dis que l'orateur, avant et après cette phrase, ne parle que de deux. Un peu plus bas, je traduis ἢ μείζονα ἢ ἐλάττονα d'après l'interpré-tation des deux Wolf et de Vœmel : *Si quem sive parva sive magna injuria afficiemus.* Ne pourrait-on cependant considérer ces deux

comparatifs comme s'accordant avec τινά, qui précède immédiatement, et dire : « Le danger n'est pas dans l'injustice commise envers
tel privilégié, grand ou petit, etc. » Cela serait mieux lié par le sens
avec tout l'ensemble de ce morceau. Baiter et Vœmel retranchent le
premier ἤ.

— 4. Les lois relatives au culte divin et à ceux qui officiaient dans
les cérémonies religieuses, imposaient aux citoyens des obligations
personnelles et pécuniaires, dont on peut voir le détail dans les *Antiquités grecques* de Robinson, liv. III, ch. II et III. Le mot ἱερῶν
désigne ici ces obligations, dont la loi civile ne pouvait relever personne, parce qu'elle ne statue pas sur les rapports de l'homme avec
Dieu. — Comment Leptine pourra-t-il dire que les charges publiques
appartiennent à la religion? C'est sans doute à cause des fêtes et des
prières publiques, qui étaient l'occasion et l'accompagnement insé-
parable de la chorégie, de la gymnasiarchie, etc. — A. Wolf et
Schæfer trouvent une interpolation dans les mots αἱ χορηγίαι καὶ αἱ
γυμνασιαρχίαι, qui ne présentent pas même une glose complète, et
qui sont mis entre deux crochets non-seulement dans toutes les éditions, excepté dans celles de Baiter et de Vœmel, mais encore dans
tous les manuscrits. Avec A. Wolf, Schæfer et Auger, je rapporte,
dans la phrase suivante, τούτων à τ' ἀναλώματα, et non à τῶν ἱερῶν,
comme ont fait Reiske et M. Jager. Mais je ne sais s'il ne faudrait
pas lire ὧν au lieu de οἷς. On obtiendrait ce sens, plus fort et plus
plein : « Pour moi, je crois juste que certains hommes soient et de-
meurent dispensés de toutes les charges dont le peuple leur a donné
l'exemption, quel que soit le caractère de ces charges, civil ou religieux. »

— 5. Ταῦτα ποιεῖν est évidemment ici pour δεικνύναι δίκαιον ὑμᾶς
ἀφελέσθαι ταῦτα. Ce tour, qui consiste à employer le verbe *faire*
comme le représentant et le synonyme de tout verbe actif, existe
aussi en latin et en français. Virgile, ecl. III, v. 16 : « Quid domini
facient, audent quum talia fures? » pour *quid domini audebunt?*
Cela est plus sensible dans ce passage de Bossuet : « Servez donc ce
roi immortel et si plein de miséricorde, qui vous comptera un soupir
et un verre d'eau donné en son nom plus que tous les autres ne *feront* jamais tout votre sang répandu. » (*Oraison funèbre du prince de
Condé.*) — Voici la phrase suivante rendue littéralement : « Car il
faut, du moins à ce qu'il me semble, que toutes les actions que l'on
fait, en les rapportant aux dieux (τοὺς θεοὺς ἐπιφημίζων, *prætexens*

honestum et speciosum deorum nomen, Reiske), paraissent avoir un caractère tel que, [si elles étaient] faites en vue des hommes (ἐπ' ἀνθρώπου ὀνόματι, δηλονότι, Ulpien; *humana auctoritate*, A. Wolf), elles ne paraîtraient pas méchantes. » J. Wolf : *ut nec ab homine facta;* de là la correction fautive : ὑπ' ἀνθρώπου, qu'Auger n'a pu appuyer sur aucune variante; et cette phrase amphigourique, réimprimée dans l'édition de 1820 : « Oui, du moins à ce qu'il me semble; car toute action, faite au nom des dieux, doit être telle que, faite par un homme, elle ne paraisse pas mauvaise. » M. Jager cite au long, dans ses notes, l'interprétation d'A. Wolf, et n'en traduit pas moins sur ὑπ' ἀνθρώπου. Le célèbre critique allemand, après avoir expliqué ce passage avec sa sagacité ordinaire, ajoute : *Sententia ipsa quam est vera, quam generosa, quam christiano homine digna! Quanto minus malorum vidisset orbis, si semper homines ab ista calumnia religionis abstinuissent!*

Page 62 : 1. Cette στήλη était un cippe quadrangulaire, de pierre ou de bois, sur les faces duquel on avait inscrit les priviléges. (Ulpien.)

— 2. Γέγραπται, « il est écrit, » sur la colonne, et non dans la loi de Leptine. — Suivant Harpocration (s. v. μετοίκιον) et Hesychius (s. v. μέτοικοι et μετοίκων λειτουργίαι) chaque métèque, ou étranger domicilié, payait par an, à Athènes, 12 drachmes (un peu moins de 12 francs). Isée dit que les femmes en payaient la moitié. Lorsqu'un fils payait la taxe, sa mère ne payait rien. (Bœckh, *Économie polit., etc.*, liv. III, ch. VII.)

Page 64 : 1. Sur l'échange de fortune, ἀντίδοσις, voyez une note précédente de ce discours. — Deux lignes plus loin, A. Wolf et Reiske rejettent la double explication que donne le scholiaste du mot ἐπισύροντες. Le premier n'admet pas non plus la leçon διασύροντες, *extenuando improbe*, trouvée dans un seul manuscrit, que J. Wolf adopte, et sur laquelle Auger et M. Jager ont traduit, quoique le texte du premier (1820) porte ἐπισύροντες, et que le second se borne, dans sa note, à copier l'interprétation contraire, donnée par les deux philologues allemands sur lesquels je m'appuie. Voici l'explication d'A. Wolf, qui n'a fait que développer celle de Reiske : Ἐπισύρει *seu* ἐπισεσυρμένως λέγει *is qui rem non subtiliter, non accurate, non veritatis causa, tractat dicendo, sed leviter, perfunctorie ac rapide summa capita perstringens, gravissimum quodque momentum occultans artificiose, aut ita transmittens ut auditor ad*

aliena abstractus cogitandique otio fraudatus inducatur et cir-cumveniatur. Voyez le *Trésor* d'H. Estienne, vol. III, col. 1819, D, éd. de M. Haase.

— 2. Pour la première partie de cette phrase, ὡς Μεγαρεῖς καὶ Μεσσήνιοι, κ. τ. λ., j'ai suivi l'interprétation d'A. Wolf, qui réfute victorieusement celle de Markland et de l'édition de Hervag. Schæfer a été mon guide pour la seconde, dans laquelle je lis ἐξειλεγμένοι, *electi,* au lieu de ἐξηλεγμένοι, *convicti.* 1° La forme attique de ce dernier participe serait ἐξεληλεγμένοι, et il demanderait ὄντες, qui s'y ajoute toujours; 2° ἐξειλεγμένοι, qui est du dialecte de notre orateur, présente un sens plus fort : le *choix* qu'il indique ici est une manœu-vre de parti ; et, de plus, il est opposé à ἀθρόοι παμπληθεῖς. Les auto-rités se partagent à peu près également entre ces deux mots. Baiter et Vœmel lisent : καὶ τοιούτους τινὰς ἐξειλεγμένοι, *nam ejus generis homines sibi elegerunt.* — *Denys* est inconnu. On verra tout à l'heure que *Lycidas* avait appartenu à Chabrias ; il eut le commandement de quelques troupes mercenaires, si l'on en croit le scholiaste.

— 3. Πρόξενοι, « proxènes » (πάροχοι, chez les Grecs modernes), c'est-à-dire : « Hommes revêtus d'un caractère public, et reconnus pour les agents d'une ville ou d'une nation qui, par un décret solennel, les a choisis avec l'agrément du peuple auquel ils appartiennent…. Le proxène d'une ville en loge les députés ; il les accompagne partout, et se sert de son crédit pour assurer le succès de leurs négociations ; il procure à ceux de ses habitants qui voyagent les agréments qui dé-pendent de lui. » (*Voyage d'Anach.,* ch. xxxiv.) Reiske (*Ind. Græcit.,* v. προξενία), et Thurot (trad. de la *Polit.* d'Arist., liv. V, ch. iii), com-parent les proxènes, sous ce rapport, à nos résidents et à nos agents consulaires. Mais la proxénie, titre et non magistrature, se trans-mettait de père en fils. Voyez aussi les *Prolégomènes* d'A. Wolf, et l'*Apparatus* de Schæfer.

Page 66 : 1. Que de crimes politiques commis même de nos jours, parce que cette maxime, puisée à l'école de Platon, n'est pas encore la base du droit public et du droit des gens !

— 2. Pourquoi cet accusatif, θέντας αὐτούς, tandis que nous venons de voir le génitif absolu dans l'incise qui correspond à celle-là, θέντων ἡμῶν? parce que les deux premiers de ces mots s'appliquent aux mêmes personnes que τούτους τοὺς ἐροῦντας, qui est plus haut. — Ὅταν πρῶτον γένωνται νομοθέται. Au commencement de chaque an-née, le peuple élisait six magistrats appelés *nomothètes* (législa-

teurs), pour diriger les opérations qu'exigeaient les demandes d'abrogation d'anciennes lois et d'établissement de lois nouvelles. A. Wolf, dans ses *Prolégomènes,* et Schœmann, *de Comit. Athen.*, II, VII, présentent, sur ces opérations, beaucoup de détails puisés surtout dans le plaidoyer de Démosthène *contre Timocrate.* Ces magistrats instructeurs ont été confondus à tort par Reiske avec la masse des citoyens, qui avaient tous le droit de proposer des lois (νομοθετεῖν), et par plusieurs critiques avec le tribunal des mille et un nomothètes, devant lequel Démosthène parlait. (Voy. l'argument analytique de ce discours.)

Il paraît que les six nomothètes de l'année où ce discours fut prononcé avaient terminé leur travail, et que leurs pouvoirs étaient expirés.

— 3. Les Athéniens nommés ici jouissaient de l'immunité. Il est question, dans les discours de Démosthène, de plusieurs Diophante. et de plusieurs Eubule. Ruhnken, *Histoire des Orat. grecs,* prouve que là où ce dernier nom n'est pas suivi de celui d'un bourg, il désigne Eubule d'Anaphlyste, démagogue très-puissant, qui partagea pendant plusieurs années, avec notre orateur, le gouvernement de la république. Il est probable que les défenseurs de la loi de Leptine auraient joué trop gros jeu contre de pareils adversaires.

L'infinitif ποιεῖν est régi par φεύξονται aussi bien que par ἐθελήσουσι. Horace a dit de même *fuge suspicari,* pour *noli suspicari* (*Carm.*, II, IV). *Fuir de,* suivi de l'infinitif, se disait autrefois. On trouve dans une comédie de Th. Corneille, *fuir d'être ingrat ;* et dans Molière, *École des Femmes,* acte III, sc. II :

> Si votre âme les suit, et *fuit d'être coquette.* .

— 4. Παρόν, « étant permis, étant loisible. » Sur cette locution elliptique, voyez les *Idiotismes* de Viger, 4ᵉ édit. de Hermann, p. 329. Les deux exemples suivants, tirés des ouvrages en prose de Racine, montrent qu'autrefois un tour semblable étaient familier à nos bons écrivains : « C'est encore le livre que presque toutes les personnes de piété portent à l'église, n'*y en ayant point* dont il se soit fait tant d'éditions.» (*Abrégé de l'histoire de Port-Royal,* Iʳᵉ partie.) « J'ai trouvé cela très-raisonnable, n'*étant pas juste* qu'il perdît la belle saison. » (*Lettre à son Fils,* 24 octobre 1698). — Rapprochez la dernière phrase de cet alinéa de ces paroles de Chatam au sujet des affaires d'Amérique, 1777 : « C'est une violation de la constitution ; Milords,

je crois que cela est contre la loi.» Même ton, même simplicité. «En-
tendez-vous, dit M. Villemain (*Cours de* 1828, xɪɪᵉ leç.), cette hy-
perbole éloquente d'un Anglais qui n'imagine rien au delà de ces
mots : *Je crois que cela est contre la loi?* A la place de la loi, met-
tez l'honneur national, c'est l'orateur athénien qui parle.»

Après cette phrase, on lit ces quatre mots : σκοπῶν δὲ καὶ τοῦτο,
que Reiske regarde comme une pensée ébauchée ; A. Wolf, Schæfer,
Baiter, comme une interpolation, et que Vœmel rejette au commencement de l'alinéa suivant.

Page 68 : 1. Je m'écarte ici des deux Wolf, de l'édition de Hervag
et de Vœmel, qui traduisent φαίνεσθαι par *constare, demonstrare,
docere, ostendere,* ce qui donne à la pensée de l'orateur une apparence de contradiction choquante. M. Jager : « Car il faudrait produire
des punitions infligées dans le moment même du délit. » Il me semble
que cet infinitif est ici pour εἶναι, que l'euphonie repoussait : ainsi,
dans Cicéron, *videri* pour *esse.* Paraphrase d'Ulpien : τότε χρῆν αὐτούς, φησιν, ὅτε ἐλάμβανον φαινομένους ἀναξίους, κολάζεσθαι. Reiske :
*Sententia est : quod si autem hoc asseverabunt (consulto sic dico,
asseverabunt, non autem, planum facient, nam hoc quidem non
poterunt), respondebo sic : Oportebat hos criminosos statim, re-
cente adhuc crimine, castigari.*

— 2. Μόνοι, « seuls.» Démosthène aurait pu s'exprimer ainsi quand
même, vivant plus tard, il aurait connu les institutions de Rome, où
l'éloge funèbre était une œuvre toute aristocratique. Ælius Aristide
revendique aussi pour Athènes seule l'honneur de cette coutume populaire, sur laquelle on peut consulter l'*Essai sur l'Oraison funèbre,*
de M. Villemain, et les *Éloges funèbres des Athéniens,* traduits par
M. Roget. — M. Vœmel lit ainsi cette phrase : Ἐπὶ τοῖς τελευτήσασι
δημοσίᾳ [καὶ ταῖς ταφαῖς ταῖς δημοσίαις] ποιεῖτε λόγους ἐπιταφίους,
κ. τ. λ. Baiter supprime les mots mis entre crochets.

— 3. On exécutait, dans les fêtes, deux sortes de combats : dans
les uns, appelés στεφανῖται et φύλλινοι, les vainqueurs recevaient
une couronne de feuillage ; les autres étaient surnommés θεματικοί
ou ἀργυρῖται, parce que le prix consistait en une somme d'argent
déposée (Pollux, liv. III). La victoire remportée dans les premiers
était la plus honorable : la patrie n'avait pas assez d'hommages pour
l'athlète qui lui rapportait quelques feuilles de laurier.

Page 70 : 1. Cette pensée est fort contestable. Supprimer les récompenses des services, ne serait-ce pas, aussi bien, montrer qu'on

est capable de désintéressement, et en donner une leçon à ses concitoyens?

— 2. Voyez l'argument analytique. — Baiter et Vœmel donnent seulement ἐξῆλθον οἱ χρόνοι. — Le scholiaste fait remarquer ici le changement subit de personnes σοι, τούτῳ, σε : mouvement naturel à l'éloquence large des anciens; libre allure que facilitaient encore les grandes dimensions de leur tribune.

— 3. Il y avait deux sortes de syndics, des syndics particuliers et et des syndics publics. Les premiers étaient des citoyens nommés par un corps ou une compagnie pour en défendre les intérêts; les seconds étaient désignés par le peuple pour soutenir les intérêts de l'État dans tous les cas qui se présentaient, soit en plaidant pour une loi dont on demandait l'abrogation, soit autrement. Démosthène cite une loi suivant laquelle on ne pouvait être nommé syndic par le peuple qu'une seule fois. On nommait ordinairement cinq avocats d'une loi ou syndics : Démosthène n'en cite que quatre. (Auger.) Le cinquième était probablement Leptine lui-même.

Léodamas, disciple d'Isocrate, fut élevé par l'admiration contemporaine au rang des premiers orateurs d'Athènes. Il contribua à réconcilier les Thébains avec les Athéniens; et ses discours, si nous en croyons Eschine, facilitèrent les succès qu'obtint ensuite Démosthène. (Visconti, *Iconogr. grecq.*, Ire partie, ch. VI; Ballu, *Hist. crit. de l'Éloq. chez les Grecs*, t. I, p. 237.)— « Jadis, dit Eschine dans sa harangue *sur la Couronne,* le fameux *Aristophon* d'Azénia osait, au milieu du peuple, se vanter d'avoir subi, pour lois portées illégalement, soixante-quinze accusations. » Cet intrépide champion fut un des ambassadeurs envoyés à Lacédémone par les Quatre-Cents. — *Céphisodote* brilla plus au barreau qu'à la tribune. (Ballu, t. I, p. 165, 181.) — Même après les recherches de Westermann, *Hist. de l'Éloq. grecq et rom.*, 1833 (All.), *Dinias* ne nous est connu que par ce passage de notre orateur. La nouvelle édition du *Trésor* de H. Estienne, mentionne quatre personnages de ce nom : Dinias l'orateur y est oublié. Acharna, Azénia, le Céramique (partie extra-urbaine), Erchia, étaient quatre dèmes ou bourgs, faisant partie des tribus Œnéide, Hippothoontide, Acamantide, Antiochide.

— 4. Démosthène, dans son discours *contre Timocrate,* distingue, comme ici, δίκη, εὐθύνη, διαδικασία. J'ai tâché de rendre cette distinction claire et précise dans ma traduction. Le plus obscur de ces trois termes est διαδικασίαν. L'*Index Græcitatis Demosthenex*

de Reiske, et encore moins les traducteurs, ne l'ont pas éclairci. Il était, comme διαδίκασμα, susceptible de plusieurs acceptions, dont on trouvera le détail dans la nouvelle édition du *Trésor* de H. Estienne[1]. Lorsqu'un citoyen désigné pour une liturgie différait de s'en acquitter et d'en décharger son prédécesseur, celui-ci, après avoir fait son temps, pouvait l'y contraindre en vertu de l'action appelée spécialement διαδικασία. Voyez aussi Suidas, s. h. v.; Bekker, *Anecd.*, p. 186, 12; Meier, *de Lit. Att.*, p. 370. Le mot nous manque avec la chose, et j'ai dû recourir à une périphrase.

La maxime de droit exprimée ici n'est autre que cet adage du préteur romain : *Non bis in idem.*

Page 72 : 1. On ignore qui fut ce Gélarque. Reiske, voulant à toute force retrouver ici une de ses vieilles connaissances d'Athènes, propose de changer arbitrairement ce nom. Un seul manuscrit de la Bibliothèque royale donne Δελάρχῳ. Baiter et Vœmel ont consacré, par leur adoption, Γελάρχῳ, au lieu de Γελάργῳ.

— 2. Ἀμάρτυρα. Une dette contractée *sans témoins* était entachée d'une nullité légale. Tout emprunt un peu important se faisait par-devant témoins. (*Demosth. adv. Phorm.*)

— 3. Le besoin de précision a égaré ici Auger, qui, d'ordinaire, n'est guère précis. Le Cointe, dans sa diffusion, avait respecté le sens : « Si l'on est dans la nécessité de se faire des ennemis, je pense qu'on doit s'en faire des gens qui se sont rendus coupables envers le peuple, et non de ceux à qui le peuple a des obligations. »

— Ἐρεῖ τριηραρχίας, λειτουργίας. La suppression de l'article donne à ἐρεῖ un sens légèrement emphatique. Démosthène dit dans le plaidoyer *pour Phormion* : Ἀλαζονεύσεται, καὶ τριηραρχίας ἐρεῖ καὶ χορηγίας. Horace représente Tigellius *reges atque tetrarchas, omnia magna loquens*[2]. Nous disons d'un homme vain : « Il ne parle que meutes, chevaux, équipages. » La Bruyère : « Dire merveilles de sa santé devant des infirmes[3]. » Remarquons encore que l'orateur, parlant aux Athéniens, ne prend pas toujours la peine de compléter l'expression de sa pensée. Il veut dire que Dinias, malgré toutes les charges qu'il a remplies, rappellera qu'il n'a pas reçu d'immunités.

[1] Vol. II, col. 1140.
[2] Horat. *Sat.* I, 111, 12.
[3] Chap. v, *de la Société et de la Conversation.*

Page 74 : 1. Le Cointe, Auger et M. Jager, traduisent ici expressé-
ment νόμῳ par « la loi de Leptine. » Cependant, quand cette loi est
spécialement désignée par l'orateur, le mot νόμος est toujours pré-
cédé de l'article.

— 2. Formule finale d'un emploi fréquent chez les orateurs grecs.
Lysias, *contre Ératosthène* : Βούλομαι δὲ ὀλίγα ἑκατέρους ἀναμνήσας
καταβαίνειν. Démosthène, *sur les Classes des Armateurs* : Τὰ κεφάλαια
ὧν συμβουλεύω φράσας ἄπειμι. Le même, *sur la Chersonèse* : Ἐν
κεφαλαίῳ δ' ἃ λέγω φράσας καταβῆναι βούλομαι.

— 3. Les deux mots, très-inutiles, ὡς χρή, placés au commencement de ce texte de loi, ont donné lieu à sept interprétations différentes. Les derniers critiques les regardent comme une glose. J'ai
traduit sur la leçon de Baiter, μηδὲ τίμημα ὑπάρχειν, que je repro-
duis.

Page 76 : 1. L'*atimie* (ἄτιμος ἔστω) était, en général, l'exclusion
des affaires publiques et du droit de recevoir l'honoraire des juges et
des citoyens réunis en assemblée. Cette flétrissure avait différents
degrés, comme la *capitis diminutio* des Romains. — J'ai traduit
ἐνδείξεις, ἀπαγωγάς, d'après Bekker, *Anecd.*, p. 187 et 200; et Robinson, liv. II, ch. XVI. Auger entend par ἀπαγωγάς l'emprisonne-
ment : mais alors il y aurait quatre peines au lieu de trois : ce qui est
contredit par Démosthène.

— 2. Les débiteurs de l'État ne pouvaient, sous peine de mort,
exercer aucune sorte de magistrature. Leurs noms étaient inscrits
dans l'opisthodome, sorte de chapelle attenant au temple de Mi-
nerve, et où était déposé le trésor. La dégradation qu'ils encouraient
passait à leurs enfants jusqu'à l'extinction de leur dette, dont le
principe variait beaucoup. (Voyez Bœckh, l. III, ch. VIII.)

— 3. *Dracon*, législateur athénien, était archonte l'an 624 avant
J. C.; ol. XXXIX, 1. Ses lois étaient si cruelles, qu'on a dit qu'elles
étaient écrites avec du sang. Elles furent abolies par Solon, à l'exception de celles sur le meurtre.

Sur ces *cas*, où l'homicide était excusable devant la loi, voyez Sa-
muel Petit, *Leges Atticæ*, p. 619; pour le droit romain, *de Jure
occidendi*, *Dig.* l. XLVIII, tit. V et VIII. Cf. *Code pénal*, art. 64, 66,
319, 321, 322, 324, 326, 330.

— 4. Sur cette colonne était gravé un décret porté après l'expulsion
des trente tyrans, sur la proposition de Démophante. Andocide, *de
Myster.*, et Lycurgue, *in Leocr.*, citent aussi ce décret.

— 5. Le gouvernement de Pisistrate semble avoir réalisé dans l'antiquité ce mot de nos jours, *royauté entourée d'institutions démocratiques*. Ses deux fils, Hipparque et Hippias, à qui il transmit un pouvoir usurpé[1], imitèrent, durant quatorze ans, la réserve de leur père, embellirent Athènes, favorisèrent les sciences, les arts, comblèrent d'honneurs Anacréon et Simonide. Hipparque, épris d'Harmodius, jeune Athénien d'une éclatante beauté, en fut repoussé avec dédain : il se vengea par un affront public qu'il fit souffrir à la sœur de ce dernier. Pendant la célébration des grandes Panathénées, il fut assassiné par Harmodius et Aristogiton, en 514. Harmodius tomba aussitôt sous les coups des gardes du prince ; Aristogiton, son ami, périt courageusement dans les supplices. Irrité du meurtre de son frère, Hippias tyrannisa les Athéniens ; enfin il fut chassé d'Athènes par les Alcméonides, dans cette même année 510, où Tarquin le Superbe était expulsé de Rome. Née d'une passion infâme et d'une vengeance personnelle, cette révolution, oligarchique par ses premiers résultats, releva bientôt la démocratie[2].

Les plus grands honneurs furent décernés à la mémoire des deux libérateurs d'Athènes. On leur éleva des statues, que Pausanias a vues près de celle de Démosthène[3]. Ils reposèrent l'un près de l'autre, non loin d'une enceinte consacrée à Diane et voisine de l'Académie ; il fut décrété que leurs noms, célébrés à perpétuité dans la fête des Panathénées, ne seraient jamais donnés à des esclaves ; on accorda pour toujours, aux descendants de leurs familles, des places d'honneur au théâtre et aux fêtes, avec l'exemption des charges publiques ; et les poëtes éternisèrent leur gloire par des vers que le peuple chantait à table, dans la rue, en tous lieux[4]. Voici le calque fidèle d'une de ces chansons, qu'Athénée nous a conservée, et qu'Hesychius attribue à Callistrate, poëte d'ailleurs inconnu :

« Dans le rameau de myrte je porterai l'épée, comme Harmodius

---

[1] Ol. LXIII, 1 ; 528 ans av. J. C. — Ol. LXVI, 3 ; 514.

[2] Herodot., l. V, ch. LV, sqq. — J'ai suivi surtout Thucydide, l. VI, ch. LIV, sqq.

[3] Peut-être Pausanias ne vit-il que les secondes statues des deux illustres conjurés. Elles étaient l'ouvrage de Critias d'Athènes, qui florissait ol. LXVI, 4 ; 477 av. J. C.

[4] Aristot. *de Rhet*, l. I et III. Pausanias, *Attica*, ch. VIII, 29. Demosth. *de falsa Leg.* Aul. Gell., l. IX, ch. II. Isæus *de Hered. Dicæog.* Aristoph., *Vesp.* 1220 ; *Acharn.*, 977.

et Aristogiton, lorsque tous deux tuèrent le tyran, et firent les Athéniens égaux devant la loi.

« Très-cher Harmodius, tu n'es pas mort : tu habites, dit-on, les îles des bienheureux, où sont Achille aux pieds légers, et Diomède, fils de Tydée.

« Dans le rameau de myrte je porterai l'épée comme Harmodius et Aristogiton, lorsque, parmi les sacrifices d'Athéné, tous deux immolèrent Hipparque le tyran.

« Éternelle sera votre gloire sur la terre, cher Harmodius, cher Aristogiton, parce que vous avez tué le tyran, et fait les Athéniens égaux devant la loi [1]. »

Page 78 : 1. Ce passage a subi cinq ou six corrections différentes. A. Wolf cherche à prouver, dans une longue et savante note, qu'il faut le lire ainsi : Εἰ τὰ πρότοῦ οὐ κατεμέμφου, τί ; μὴ καὶ τὰ μέλλοντα ᾔδεις ; et il paraphrase ainsi : *At qui in civitate nostra olim facta reprehendere non es ausus, qui tyrannicidarum posteros lege tua solvis, quid? num tu etiam futura noras, quum legem scriberes?* De là, la version de M. Jager : « Quoi! tu n'oses attaquer le passé; mais connais-tu l'avenir? » Baiter et Vœmel lisent cette phrase comme A. Wolf. Avec Schæfer, j'ai préféré revenir à la leçon de J. Wolf, qui est aussi celle de Markland et de Taylor. Elle est très-claire, très-logique; et, en l'adoptant, on ne risque plus de fausser le sens de la phrase suivante, ὅτι, νὴ Δία, κ. τ. λ., qui est évidemment une courte réponse mise par Démosthène dans la bouche de Leptine, et suivie immédiatement de sa réplique.

— 2. La puissance des Lacédémoniens était bien diminuée et bien affaiblie depuis la bataille de Leuctres. Cette défaite leur porta un coup dont ils ne se relevèrent jamais. — Le verbe ἐλπίζειν est pris ici dans le large sens du *sperare* des Latins :

> Hunc ego si tantum potui sperare dolorem...
>
> (*Énéide*, liv. IV.)

Les Allemands disent de même : *Ich hoffe nicht.* — Ὑφ' ἑνὸς

[1] Athen., l. XV, ch. L. Hesych. in Ἁρμοδίου μέλος. Traduit sur le texte de M, Boissonnade, *Poet. Græc. Sylloge*, t. XV, p. 43. « Cette pièce a déjà été rapprochée plus d'une fois des romances populaires des nations modernes, et il me suffit de reconnaître ici que ce rapprochement n'est pas sans motif. » (M. Fauriel, *Ch. popul. de la Grèce mod.*, disc. prél. p. CIV.)

γραμματέως. Le premier *Denys*, d'une condition obscure, s'éleva, par son mérite, aux premiers honneurs, mais abusa de la confiance de sa patrie pour la tyranniser. — *Dion* de Syracuse, un des plus illustres disciples de Platon, homme d'une vertu rare et d'une fermeté singulière, délivra sa patrie du joug de Denys le Jeune, fils du premier Denys. Le tyran remonta sur le trône après la mort de Dion; il en fut chassé de nouveau, mais pour n'y plus remonter, par Timoléon, général de Corinthe. (Diod. de Sic., XI, viii; XIII, xcvi; XVI, vi. Corn. Népos et Plutarque, *Vie de Dion.*)

On a voulu retrancher les mots ὃς ὑπηρέτης ἦν, ὥς φασι. Leur conservation dans le texte semble autorisée par Polyæn., V, ii, 2, qui dit aussi de Denys l'Ancien, ὑπηρετοῦντα καὶ γραμματεύοντα τοῖς στρατηγοῖς.

— 3. Ce morceau ressemble beaucoup, pour le ton et la couleur, à celui où Eschine étale aussi de grands exemples de vicissitudes dans le sort des peuples : Τοιγάρτοι τί τῶν ἀνελπίστων καὶ ἀπροςδοκήτων ἐφ' ἡμῶν οὐ γέγονεν; κ. τ. λ. « Eh! que d'événements étranges, inattendus, accomplis de nos jours! etc. » Mais Démosthène tire de ces considérations une conséquence différente et beaucoup plus juste.

— 4. Littéralement : « Les dignes auront de vous de justes récompenses. » Le mot ἕξουσιν s'applique ici et à ceux qui *conserveront* les immunités obtenues, et à ceux qui en *obtiendront* dans l'avenir. On a vu que la loi de Leptine avait à la fois pour but de les supprimer et d'en empêcher le rétablissement.

Page 80 : 1. *Denique æquitas, temperantia, fortitudo, prudentia, virtutes omnes, certant cum iniquitate, cum luxuria, cum ignavia, cum temeritate, cum vitiis omnibus. Postremo copia cum egestate, bona ratio cum perdita, mens sana cum amentia, bona denique spes cum omnium rerum desperatione confligit.* (Cic., *Catil. II*, xii.)

— 2. Racine, parmi tant d'heureux hellénismes, a donné à notre langue ce tour, θαυμάζω εἰ :

> *J'admirais si* Mathan, dépouillant l'artifice,
> Avait pu de son cœur surmonter l'injustice.
>
> (*Athalie*, acte III, sc. iv.)

— 3. Démosthène développe cette pensée, et l'attribue à Solon, vers la fin de son plaidoyer *contre Timocrate*, où il reproduit quelques-unes des phrases du discours *contre la loi de Leptine*. « Nous

avons souvent remarqué, dit le chœur, dans *les Grenouilles* d'Aristo-
phane, que dans cette ville on en use à l'égard des honnêtes gens
comme à l'égard de l'ancienne monnaie. Celle-ci est sans alliage, la
meilleure de toutes, la seule bien frappée, la seule qui ait cours
chez les Grecs et chez les Barbares; mais, au lieu d'en user, nous
préférons ces méchantes pièces de cuivre nouvellement frappées, et
de mauvais aloi. Il en est de même des citoyens, etc. » (Trad. de
M. Artaud.) — La formule finale de ce discours, pour laquelle je préfère la rédaction d'A. Wolf et de M. Boissonnade (οὐκ, οἶδ' ὅτι, δεῖ
πλείω λέγειν) à celle de Bekker, de Schæfer et des derniers éditeurs
(οὐκ οἶδ' ὅτι δεῖ), termine, avec la même simplicité, plusieurs plai-
doyers de Lysias et d'Isée.

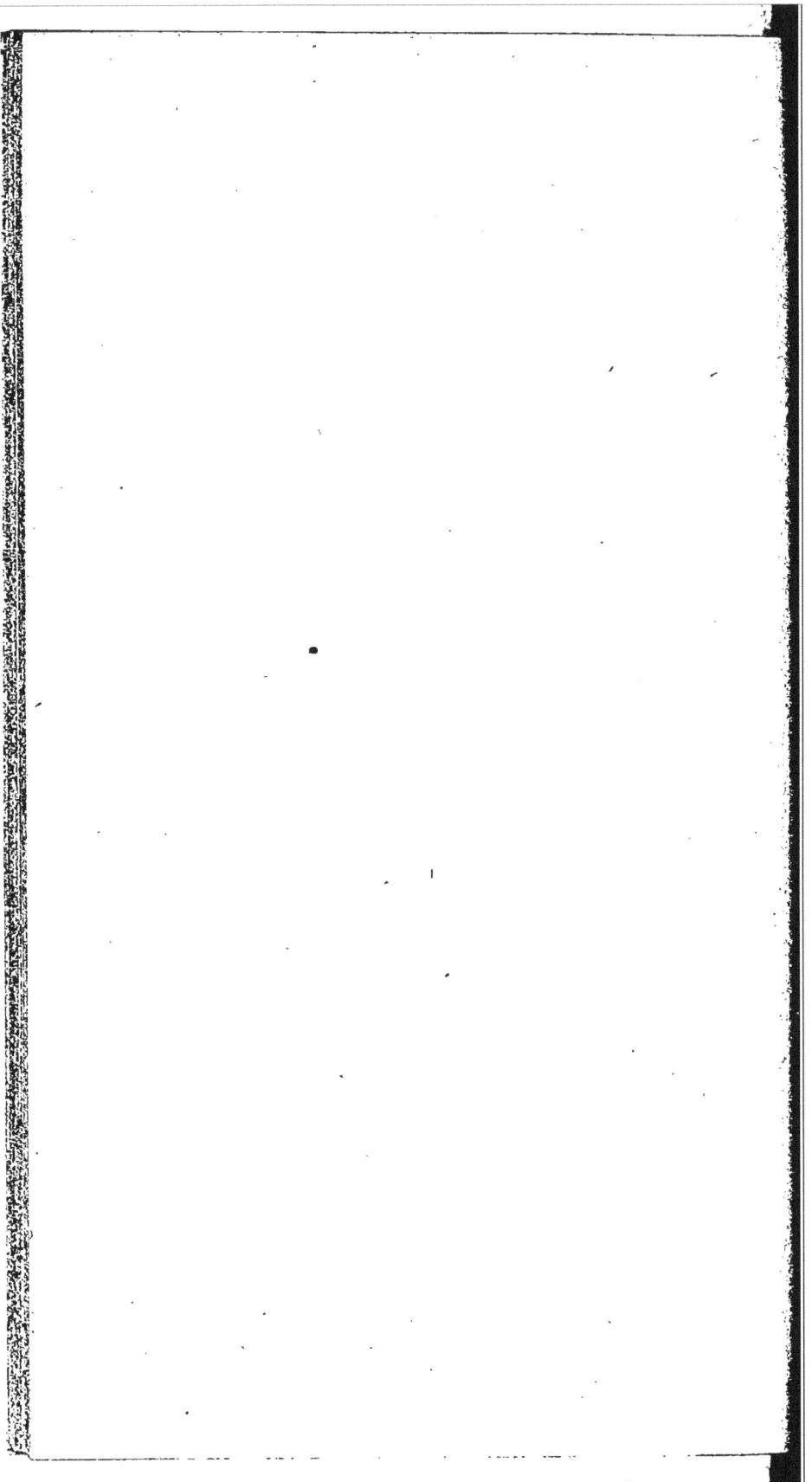